동사별로 공부하는
독일어 작문연습

1

이 책은 Max Hueber Verlag과의 계약으로 일부 발췌되었으며 저작권은 한국문화사에 있습니다.
저작권법에 의해 한국 내에서 보호를 받으므로 무단 전재와 복제를 금합니다.
Korean copyright © Hankook Publishing Company 2007

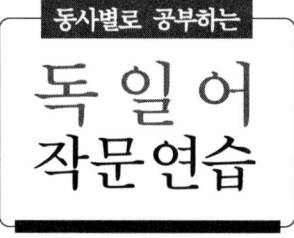

동사별로 공부하는
독일어 작문연습

1

Schwache Verben und
Präfixverben

김경욱 편저
(한국외국어대학 독어교육과 교수)

한국문화사

저자와의
협의하에
인지생략

동사별로 공부하는
**독일어
작문연습**

2007년 5월 10일 초판 1쇄 인쇄
2007년 5월 15일 초판 1쇄 발행
2008년 10월 10일 초판 2쇄 발행
2014년 6월 30일 초판 3쇄 발행
2016년 2월 24일 초판 4쇄 발행

편저자 / 김경욱
발　행 / 김진수
편　집 / 최정미

발행처 / **한국문화사**
등록번호 / 2-1276호(1991.11.9)
주소 / 서울시 성동구 광나루로 130 서울숲IT캐슬 1310호
전화 / 464-7708 · 팩스 / 499-0846
URL / www.hankookmunhwasa.co.kr
e-mail / hkm7708@hanmail.net
가격 / 15,000원

ⓒ 한국문화사, 2007

잘못된 책은 교환해 드립니다.

ISBN 978-89-5726-440-9 93750

이 도서의 국립중앙도서관 출판시도서목록(CIP)은 e-CIP 홈페이지
(http://www.nl.go.kr/cip.php)에서 이용하실 수 있습니다.
(CIP제어번호: CIP2007000887)

서문

이 교재를 쓰게 된 것은 외국인에게 특히 어렵게 여겨지는 *abräumen*, *aufräumen*, *ausräumen*의 용법의 차이를 예문으로 구체적으로 보여주어 특히 정확한 독일어작문에 도움을 주고자하는 뜻에서 출발하였다. *abräumen*, *aufräumen*, *ausräumen*과 같은 '접두어동사들 Präfixverben'의 접두어들은 어떤 의미를 갖고 있는지, 그리고 접두어동사들을 구성하는 여러 '의미 변이체들 Bedeutungsvarianten'들은 과연 어떤 구문적 동사가를 가지고 있고, 동사보충어들은 어떤 구문적 형태로 실현될 수 있는지를 밝히기 위해, 또한 의미적 동사가의 차이를 밝히는 것이 중요한 경우에는 그것에 필요한 예문들도 찾아야 하기 때문에, 우선 약변화 동사들을 알파벳 순서로 나열하여 그 약변화동사들을 '토대 동사 Basisverb'로 하여 만들어진 접두어동사들을 소개하고 있는 『ABC der schwachen Verben, Ismaning, 1975』에서 한국 사람에게 중요한 단어들만을 발췌했고, 『모델독한사전, 서울, 2000.』(=모델), 『Langenscheidts Großwörterbuch, Deutsch als Fremdsprache, Berlin/ München, 1993』(=Langenscheidt), 『Kleines Valenzlexikon deutscher Verben, von Ulrich Engel/Helmut Schumacher, Tübingen, 1978』(=KVL)에서도 필요한 예문들을 발췌하여 보충하였다. 특히 *führen*처럼 많은 '의미 변이체'를 가진 동사들은 그런 동사들의 예문을 상세하게 소개하고 있는 『Valenzwörterbuch deutscher Verben, Tübingen, 2004』(=VALBU)를 이용함으로써 이러한 동사결합가가 서로 다른 '한 동사의 여러 의미 변이체들 Bedeutungsvarianten'의 문장구조의 차이와 의미의 차이를 정확히 알 수 있게 했다.

그리고 '그'는 정관사로, '한' 또는 '한 개의'는 부정관사로 독일어로 옮기라는 뜻으로 이해해주기 바란다. 그러나 한국어에서는 독일어에서와는 달리 텍스트안의 일정한 사람이나 사물을 지시할 때에만 독일어 정관사의 '대응어 Äquivalent'인 _그_를 사용하고 그 밖의 경우에는 _그_를 잘 사용하지 않는다. 독일어의 부정관사는 분류해주는 기능을 가지고 있기 때문에 (예: _Sie ist eine schöne Frau._ '그녀는 아름다운 여인으로 분류될 수 있다는 뜻이다) 비교적 자주 사용되는 반면에 한국어의 대응어인 _한_ 또는 _한 개의_ 는 '한 개라는 숫자'를 나타낼 때에만 사용되므로 독일어의 부정관사만큼 그렇게 자주 사용되지는 않는다. 철자법은 새로운 정서법에 의거해 쓰여졌음을 밝힌다. 그리고 독일어와 한국어의 차이에 대한 설명이 필요하거나 독일어문법이나 한국어문법에 대한 설명이 필요하면 *를 달고 간단하게 설명해주었다. 항상 따뜻한 마음으로 편저자를 격려해주시는 한국외국어대학 독일어과의 모든 교수님들과 항상 여러 가지로 많은 힘이 되어주는 아내와 늘 가르침을 아끼지 않는 N. R. Wolf 교수님에게 감사드리며, 이 책의 출판을 허락해 준 MAX HUEBER VERLAG과 이 책의 편집과 인쇄를 맡아서 수고해주신 한국문화사 김종훈 과장과 최정미 과장에게도 심심한 감사를 드리는 바이다.

이 교재의 개발은 2007학년도 한국외대 교내학술연구비의 지원에 의하여 이루어진 것임.

2007년 5월 10일   편저자 김경욱

약어 등 빠뜨린 내용을 보완하고, 정서법 표기와 띄어쓰기와 용어의 잘못을 수정했음. 학생들이 공부하기 쉽도록 필요한 예문을 보충하였음.

2014년 6월 21일   편저자 김경욱

[약어표]

/	=	또는 (alternativ)
' '	=	의미풀이 (Paraphrase)
[schon seit 10 Jahren]	=	임의 첨가어 (Angabe)
(*daran*)	=	생략가능한 상관사 (fakultatives Korrelat)
~	=	표제어동사의 생략

Mit dieser Theorie muss ich *mich* erst einmal in Ruhe *auseinandersetzen*. = 밑줄 또는 이탤릭체는 문법적으로 특별히 중요하게 여겨지는 전치사를 포함한 숙어가 원저(原著)의 저자 또는 편저자에 의해 강조되었음을 뜻한다.

*	=	문법적 설명
Adj.	=	Adjektiv
Akk.	=	Akkusativ
Ant.	=	Antonymie
Dat.	=	Dativ
Eadv	=	Adverbial Ergänzung
etw.^{3}	=	etwas Dativ
etw.^{4}	=	etwas Akkusativ
FVG	=	Funktionsverbgefüge (기능동사구문)
Gen.	=	Genitiv
I.	=	Idiomatische Redewendungen
Inf	=	Infinitiv
Inf+	=	Infinitiv mit *zu*
jd.	=	jemand
js.	=	jemandes
jm.	=	jemandem
jn.	=	jemanden
KVL	=	Kleines Valenzlexikon deutscher Verben(von U.Engel und H.Schumacher)
Lit.	=	Literarisch
RK	=	Reflexiv Konstruktion
s.	=	siehe
S.	=	Sache
sich^3	=	Dativ *sich*
sich^4	=	Akkusativ *sich*
Spr.	=	Sprichwort
Syn.	=	Synonymie
U.	=	Umgangssprache
VALBU	=	Valenzwörterbuch deutscher Verben(von Helmut Schumacher usw.)

achten vs. beachten vs. erachten vs. mißachten vs. verachten

achten

- 독일 국민은 그들의 대통령을 존경한다.
  - ▶ Das deutsche Volk *achtet seinen Präsidenten*.

- 그 법률들을 존중 하십시오!
  - ▶ Achten Sie *die Gesetze*!

> *우리말에서는 독일어의 정관사에 해당하는 '그'가 독일어와는 달리 그렇게 자주 쓰이지는 않는다. 그러나 일정한 텍스트안의 일정한 사람/사물을 가리킬 때에는 한국어에서도 '그'를 꼭 사용해야 할 것이다.

```
auf jn./etw. ~
```

- 제발 그 애에게 주의를 기울여주십시오!
  - ▶ *Achten* Sie bitte *auf das Kind*!

beachten

- 그 운전자는 교통표지들을 준수한다.
  - ▶ Der Autofahrer *beachtet die Verkehrsschilder*. (=Er richtet sich danach.)

- 그는 나를 중요하게 여기지 않는다.
  - ▶ Er *beachtet mich* nicht. (=Er übersieht mich. Ich bin für ihn nicht wichtig.)

erachten

```
etw./jn. für gut/schlecht/geeignet usw. ~
```

- 우리는 그 도로건설공사를 아주 중요하게 여긴다.

▶ Wir *erachten* den Straßenbau *für* sehr wichtig. (=Wir denken, dass er sehr wichtig ist./Wir *halten* den Straßenbau *für* sehr wichtig.)

mißachten

• 아들은 자기 아버지의 충고들을 존중하지 않고 무시한다.

▶ Der Sohn *mißachtet* die Ratschläge seines Vaters.

*독일어의 *Der Sohn*을 우리말에서는 '그 아들'이라고 잘 말하지 않는다. *der Vater*도 그냥 '아버지'라고 말한다.

verachten

• 사람들은 그 거짓말쟁이를 경멸한다.

▶ Man *verachtet* den Lügner.

• 좋은 포도주가 무시되어서는 안 된다.

▶ Ein guter Wein *ist nicht zu verachten*.

**ist nicht zu verachten*은 'muss nicht verachtet werden'의 의미이다.

002

ändern vs. abändern vs. verändern

ändern

• 재단사는 나의 옷을 고친다.

▶ Der Schneider *ändert* mein Kleid. (=Sie macht es anders.)

sich ~

- 날씨가 변화한다.
  ▶ Das Wetter *ändert sich*. (=Es wird anders.)

abändern

- 대통령의 갑작스러운 죽음 때문에 그 방송국은 프로그램을 약간 변경했다.
  ▶ Wegen des plötzlichen Todes des Präsidenten *änderte* der Rundfunk sein Programm *ab*.

verändern

- 그 심한 병이 그의 성격을 완전히 변화시켰다.
  ▶ Die schwere Krankheit hat ihn *verändert*.

sich verändern

- 그는 완전히 다른 사람이 되었다.
  ▶ Er hat *sich* sehr *verändert*. (=Er ist ein völlig anderer geworden.)

- 그는 다른 자리를 갖고 싶어 한다.
  ▶ Er möchte *sich verändern*. (=Er möchte eine andere Stellung annehmen. U.)

antworten vs. beantworten

antworten

jm. auf etw. ~

- 제발 내 질문들에 즉시 대답해주세요!
  ▶ Bitte *antworten* Sie mir sofort *auf* meine Fragen!

beantworten

- 이 편지들에 대해 나는 즉시 답장을 써야 한다.
  - Diese Briefe muss ich sofort *beantworten*. (=Ich muss zurückschreiben.)

  > *'be-접두어동사'는 4격 보충어를 요구하는 것이 원칙이기 때문에, 'antworten auf 4격' → 'beantworten 4격'으로 바뀌었다. 예외로는 sich bedanken과 sich betrinken 등의 '무연(無緣) 재귀구조'가 있다. 그러나 이 sich 또한 형태적으로는 4격이다. '무연재귀구조'란 jn. bedanken과 jn. betrinken이란 존재치 않고, sich bedanken과 sich betrinken만 숙어적으로 새롭게 사용되게 되었음을 나타낸다.

- 그녀는 그의 미소를 부드러운 시선으로 답했다.
  - Sie *beantwortete* sein Lächeln *mit* einem zärtlichen Blick. (Langenscheidt, S. 123)

überantworten

- 그 범인을 법정에 넘겼다.
  - Man *überantwortete* den Verbrecher dem Gericht. (=Er wurde dem Gericht übergeben.)

verantworten

- 그 의사가 그 수술의 책임을 진다.
  - Der Arzt *verantwortet die Operation*. (=Er übernimmt mögliche Folgen.)
- 그 장관은 의회에서 자신의 변호를 한다.
  - Der Minister *verantwortet sich* vor dem Parlament. (=Er verteidigt sich.)

  > *sich는 '유연(有緣) 재귀구조'의 일부를 이룬다. 다시 말해 '자신을 책임진다'라는 의미이다. '유연재귀구조'란 jn. verantworten의 jn. 대신에 sich가 왔다는 뜻이다.

arbeiten vs. ausarbeiten vs. bearbeiten vs. erarbeiten vs. verarbeiten

arbeiten

- 그 세계적으로 유명한 작곡가는 한 오페라 작품을 작곡하고 있다.
  ▶ Der weltberühmte Komponist *arbeitet an* einer Oper. (=Er ist jetzt mit dieser Arbeit beschäftigt.)

ausarbeiten

- 김 교수는 그의 강연원고를 완성했다.
  ▶ Professor Kim hat seinen Vortrag *ausgearbeitet*. (=Er hat ihn fertig gemacht, in eine endgültige Form gebracht.)

bearbeiten

- 그 조각가는 돌덩어리에 망치와 끌로 작업을 하고 있다.
  ▶ Der Bildhauer *bearbeitet* den Steinblock *mit* Hammer und Meißel.

erarbeiten

sich³ etw. ~

- 상인은 일을 하여 큰 재산을 획득했다.
  ▶ Der Kaufmann hat *sich* ein großes Vermögen *erarbeitet*.

*(sich) erarbeiten, (sich) erkämpfen, (sich) ersingen, (sich) erspielen, (sich) erzwingen은 '무연 재귀구조'이고, sich는 생략이 가능하다. 그리고 이 조어그룹(Wortbildungsgruppe)의 의미는 'durch BV gewinnen'이다.

verarbeiten

`etw. zu etw. ~`

• 금세공사는 금을 목걸이로 가공한다.
  ▶ Der Goldschmied *verarbeitet* das Gold *zu* einer Halskette.

005
bauen vs. abbauen vs. anbauen vs. aufbauen vs. ausbauen vs. bebauen vs. erbauen vs. umbauen vs. verbauen vs. vorbauen

bauen

• 여기에 회사 브라운이 4개의 일가족용 주택을 짓는다.
  ▶ Hier *baut* die Firma Braun vier Einfamilienhäuser.

• 그 대학생은 시험을 잘 쳤다.
  ▶ Der Student hat ein *gutes Examen gebaut*. (=Das Examen war gut. U.)

`auf etw./jn. ~`

• 그녀는 자신의 행복을 확신한다.
  ▶ Sie baut *auf* ihr Glück. (=Sie vertraut darauf. Sie ist sicher, dass sie Glück haben wird.)

abbauen

• 우리는 그 텐트를 철거해야 한다.
  ▶ Wir müssen das Zelt *abbauen*. (=Wir brechen es ab.)

anbauen

- 정원사는 채소를 경작한다.
  ▶ Der Gärtner *baut* Gemüse *an*. (=Er bepflanzt ein Feld damit.)

- 내 이웃은 한 차고를 본채에 붙여 증축한다.
  ▶ Mein Nachbar *baut* eine Garage *an*. (=Er baut sie an sein Haus.)

aufbauen

- 서커스단은 그들의 천막을 세운다.
  ▶ Der Zirkus *baut* sein Zelt *auf*. (=Er stellt es hin.)

- 그 연사는 그의 강연을 잘 구성했다.
  ▶ Der Redner hat seinen Vortrag gut *aufgebaut*. (=Die Konstruktion ist gut.)

ausbauen

- 함부르크는 자신의 항구를 확장한다.
  ▶ Hamburg *baut* seinen Hafen *aus*. (=Er wird erweitert.)

bebauen

- 그 농장 주인이 그 밭을 경작한다.
  ▶ Der Landwirt *bebaut* das Feld. (=Er arbeitet darauf.)

  etw. mit etw. ~

- 그는 그 지대에 셋집들을 건축한다.
  ▶ Er *bebaut* das Gelände *mit* Mietshäusern. (모델, 247쪽)

erbauen

- 그 극장은 한 유명한 건축가에 의해 건축되었다.
  ▶ Das Theater wurde von einem bekannten Architekten *erbaut*. (=Die Entwürfe waren von ihm.)

umbauen

- 그 새로운 소유주는 그 호텔을 개축한다.
  ▶ Der neue Besitzer *baut* das Hotel *um*. (=Es wird verändert, modernisiert.)

verbauen

- 그는 전 재산을 건축에 다 소비하였다.
  ▶ Er hat sein ganzes Geld *verbaut*. (=Er gab es für das Bauen aus.)

- 사람들은 그 집을 완전히 잘못 지었다.
  ▶ Man hat das Haus völlig *verbaut*. (=Es ist nach einem schlechten Plan gebaut.)

vorbauen

- 중세에는 윗 층들이 앞으로 불쑥 튀어나오게 지어졌다.
  ▶ Im Mittelalter wurden die oberen Stockwerke *vorgebaut*. (=Sie sprangen vor, reichten weiter nach vorn.)

- 영리한 남자는 미래를 미리 설계한다.
  ▶ Der kluge Mann *baut vor*. (=Er denkt an die Zukunft. Der Satz stammt von Schiller.)

jm. begegnen vs. jm. freundlich begegnen

jm. begegnen

- 나는 시내에서 우연히 내 사촌을 만났다.
  - Ich *begegnete* meinem Vetter in der Stadt. (=Ich traf ihn zufällig.)

jm. freundlich begegnen

- 모든 사람이 그 낯선 남자/이방인에게 친절하게 대하였다.
  - Alle *begegneten* dem Fremden *freundlich*. (=Alle waren freundlich zu ihm.)

> *'우연히 만나다'의 의미로 사용될 때에는 *freundlich*와 같은 형용사가 필요가 없으나, '어떻게 대하다'의 의미로 사용될 때에는 '어떻게'에 해당하는 '양태'를 나타내는 '부사적 동사보충어' *freundlich*가 반드시 와야 한다.

bessern vs. aufbessern vs. ausbessern vs. verbessern

bessern

- 그 벌이 피고를 반드시 더 좋은 사람으로 만들 것이다.
  - Die Strafe soll den Angeklagten *bessern*. (=Sie soll ihn zu einem besseren Menschen machen.)

sich ~

• 피고는 더 좋은 사람이 될 것을 약속했다.
▶ Der Angeklagte versprach, *sich* zu *bessern*. (=Er wollte ein besserer Mensch werden.)

• 그 환자의 상태가 개선되었다.
▶ Der Zustand des Kranken hat *sich gebessert*. (=Es geht ihm besser.)

aufbessern

• 그 회사는 임금을 올려주었다.
▶ Die Firma hat die Gehälter *aufgebessert*. (=Sie erhöhte sie.)

ausbessern

• 그 거리는 수리중이다.
▶ Die Straße wird *ausgebessert*. (=Sie wird repariert.)

verbessern

• 선생님이 그 실수를 개선한다.
▶ Der Lehrer *verbessert* den Fehler. (=Er korrigiert ihn.)

• 회사는 그 상품의 품질을 개선했다.
▶ Die Firma hat die Qualität der Ware *verbessert*. (=Sie macht sie besser.)

• 그의 새로운 자리에서 그는 수입이 늘어났다.
▶ In seiner neuen Stellung hat er *sich verbessert*. (=Er verdient jetzt mehr. U.)

*Ich werde *mich bessern*. vs. Ich werde *mich verbessern*.

Ich werde *mich bessern*.은 '나는 더 좋은 사람이 되겠다'를 나타내지만, Ich werde *mich verbessern*.은 '나는 나의 재정형편을 개선하겠다'를 뜻한다.

008

bilden vs. abbilden vs. ausbilden vs. einbilden vs. umbilden vs. weiterbilden

bilden

- 그 예술가는 점토로 예술작품들을 만든다.
  ▶ Der Künstler *bildet* Figuren aus Lehm. (=Er formt sie.)

- 한 문장을 만드세요!
  ▶ *Bilden* Sie einen Satz! (=Machen Sie einen Satz!)

- 양서들을 읽는 것은 교양인으로 만든다.
  ▶ Das Lesen guter Bücher *bildet*. (=Es formt den Verstand.)

- 아버지, 어머니와 애들이 가족을 형성한다.
  ▶ Vater, Mutter und Kinder *bilden* die Familie. (=Sie sind eine Familie.)

abbilden

- 신문에 새 극장의 한 모델이 모사되어 있다.
  ▶ In der Zeitung ist ein Modell des neuen Theaters *abgebildet*. (=In der Zeitung ist ein Bild davon.)

ausbilden

- 스포츠전문학교에서는 스포츠선생님들이 양성된다.
  ▶ In der Sportakademie werden Sportlehrer *ausgebildet*.

einbilden

$\boxed{\text{sich}^3 \text{ etw. } \sim}$

- 나는 전화벨소리가 울렸다고 잘못 믿었다.
  ▶ Ich *bildete* mir *ein*, dass das Telefon geklingelt hätte.

- 너무 자화자찬하지마라!
  ▶ *Bilde* dir nur nicht zu viel *ein*! (Habe keine zu gute Meinung von dir! U.)

umbilden

- 수상이 그의 내각을 개각했다.
  ▶ Der Kanzler *bildete* sein Kabinett *um*. (=Er änderte es. Andere Minister kamen in die Regierung.)

weiterbilden

- 기술자는 저녁수업들에서 계속 자기연마를 한다.
  ▶ Der Techniker *bildet* sich in Abendkursen *weiter/fort*. (=Er lernt dazu.)

blicken vs. anblicken vs. erblicken vs. durchblicken vs. überblicken

blicken

- 그는 그 창문 밖으로 내다본다.
  ▶ Er *blickt* aus dem Fenster. (=Er sieht hinaus.)

- 그 유명한 연극배우는 나타나지 않았다.
  ▶ Der berühmte Schauspieler ließ sich nicht *blicken*. (=Er zeigte sich nicht.)

- 그것은 여러 가지를 설명한다.
  ▶ Das läßt tief *blicken*! (=Das erklärt vieles! U.)

anblicken

- 그는 그 여대생을 말없이 쳐다보았다.
  ▶ Er *blickte* die Studentin stumm *an*. (=Er sah sie an.)

erblicken

- 나는 나의 여자 친구를 강의실에서 발견했다.
  ▶ Ich *erblickte* meine Freundin im Hörsaal. (=Ich entdeckte sie. Ich begann sie zu sehen.)

  > etw. in einer S. ~

- 우리는 이 편지가 동의를 뜻한다고 믿는다.
  ▶ Wir *erblicken* in diesem Brief eine Zustimmung. (=Wir glauben, den Brief so verstehen zu können.)

durchblicken

- 선생님은 그가 이 작업에 만족하고 있음을 알아채게 하였다.

▶ Der Lehrer *ließ durchblicken*, dass er mit dieser Arbeit zufrieden ist.

überblicken

- 이 창문으로부터 우리는 그 거리 전체를 전망할 수 있다.
▶ Von diesem Fenster aus können wir die ganze Straße *überblicken*.

010
blühen vs. abblühen vs. aufblühen vs. verblühen

blühen

- 벚꽃들이 오래 피었다.
▶ Die Zierkirschen *haben* lange *geblüht*.

*Harald Weinrich는 『Tempus』라는 책에서 동사의 과거시제는 소설 등의 이야기체에 알맞고, 현재완료시제는 비평에 알맞기 때문에, 그 역할이 다르다고 주장한다. 그러므로 텍스트의 종류에 따라 둘 중 어떤 시제를 사용하게 되는지가 결정된다. 소설이나 부고장에서는 과거시제를 선호하게 되지만, 신문의 평론에서는 현재완료시제가 우세하다.

abblühen

- 그 꽃이 이미 피기를 멈추었다.
▶ Die Blume ist schon *abgeblüht*.

aufblühen

- 이 꽃 봉우리가 곧 활짝 만개할 것이다.
▶ Diese Knospe wird bald voll *aufblühen*.

- 새 주인의 지도아래에서 그 회사는 융성해졌다.
  ▷ Unter der Leitung des neuen Besitzers *blühte* die Firma *auf*. (=Es ging ihr viel besser.)

verblühen

- 따뜻한 방에서 그 꽃들이 아주 빨리 시들었다.
  ▷ Im warmen Zimmer *sind* die Blumen sehr schnell *verblüht*.

>  *'꽃이 활짝 피었다'는 *Die Blume ist aufgeblüht/erblüht*.로 나타내고, '꽃이 다 졌다'는 *Die Blume ist verblüht*.로 표현하는 것은 '상태의 변화'를 내포하고 있기 때문이다. 반면에 *Die Blume hat lange geblüht*.('꽃이 오래 피었다')는 '상태의 지속'을 나타내므로 *sein*이 아닌 *haben*과 함께 현재완료형을 만들었다.

011

brauchen vs. aufbrauchen vs. gebrauchen vs. mißbrauchen vs. verbrauchen

brauchen

- 그 병든 남자는 휴식을 필요로 했다.
  ▷ Der Kranke hat Ruhe *gebraucht*. (=Er muss Ruhe haben.)

- 나는 그 책을 사용할 수가 없었다.
  ▷ Ich habe das Buch nicht *brauchen* können. (=Es nützte mir nichts.)

> *'부정형(不定形) Infinitiv'과의 결합에서 화법조동사, 지각동사(*hören*, *sehen*), *brauchen*과 *lassen*은 완료형을 만들 때 과거분사형 대신에 '부정형(不定形) Infinitiv'(=Ersatzinfinitiv)으로 만든다.

> Ich habe nicht antworten *können*.
> Ich habe ihn nicht kommen *sehen*.

- 그는 오늘 일할 필요가 없다.
  ▶ Er *braucht* heute *nicht zu* arbeiten.

- 너는 내게 그것을 말만 하면 된다.
  ▶ Du *brauchst* es mir *nur zu* sagen. (=Mehr ist nicht nötig.)

  etw. zu etw. brauchen

- 그 빵 제조업자는 빵을 굽기 위한 밀가루를 필요로 한다.
  ▶ Der Bäcker *braucht* Mehl *zum* Backen. (=Er muss es haben.)

aufbrauchen

- 우리는 새 비누를 사기전에 우선 이 비누를 다 사용하려고 한다.
  ▶ Wir wollen erst diese Seife *aufbrauchen*, bevor wir die neue einkaufen. (=Wir wollen sie ganz verwenden. ohne Rest.)

gebrauchen

- 이 선물을 나는 잘 사용할 수 있다.
  ▶ Dieses Geschenk kann ich gut *gebrauchen*.

mißbrauchen

- 그 여비서는 그녀의 사장의 신뢰를 남용하였다.
  ▶ Die Sekretärin hat das Vertrauen ihres Chefs *mißbraucht*.

verbrauchen

- 그 자동차는 100 Kilometer주행에 8리터의 벤진을 소모한다.

▶ Das Auto *verbraucht* auf 100 Kilometer acht Liter Benzin. (=Von acht Litern Benzin bleibt kein Rest.)

 danken vs. bedanken vs. verdanken

danken

jm. für etw. ~

• 나는 편지에 대해 아버지에게 감사한다.

▶ Ich *danke dem Vater für seinen Brief.* (=Ich sage, dass ich mich darüber gefreut habe.)

bedanken

sich⁴ bei jm. für etw. ~

• 나는 그 여자에게 초대해준데 대해서 정중하게 감사했다.

▶ Ich *bedankte mich* höflich *bei ihr für die Einladung.*

verdanken

jm. etw. ~

• 그 애는 그의 나쁜 두 눈을 자신의 아버지로부터 유전 받았다

▶ Das Kind *verdankt seine schlechten Augen seinem Vater.* (=Es hat die Augen von ihm.)

• 그는 자신이 자신의 선생님에게 많은 덕을 입고 있다는 사실을 알고 있다.

▶ Er weiß, dass er *seinem Lehrer viel zu verdanken* hat. (모델, 2201쪽)

- 네가 늑장을 부리는 바람에 우리가 지각했다.
  ▶ *Das* haben wir *deinem Trödeln* zu *verdanken, dass wir zu spät gekommen sind.* (모델, 2201쪽)

dauern vs. andauern vs. bedauern vs. überdauern

dauern

- 회의는 얼마나 오래 지속되느냐?
  ▶ *Wie lange dauert* die Sitzung?

andauern

- 비는 계속 내린다.
  ▶ Der Regen *dauert an.* (=Es regnet weiter. Der Regen hört nicht auf.)

bedauern

- 나는 이 남자를 그의 큰 고통들 때문에 불쌍히 여긴다.
  ▶ Ich *bedaure diesen Mann* wegen seiner großen Schmerzen. (=Es tut mir leid.)

- 뮬러씨는 올 수 없음을 유감스럽게 여깁니다.
  ▶ Herr Müller *badauert, nicht kommen zu können*/Herr Müller *bedauert, dass er nicht kommen kann.* (=Er kann leider nicht kommen.)

überdauern

- 많은 책들은 그 책들의 작가들보다 더 오래 지속되지 않는다. (작가가

죽자마자 그 책들은 잊혀지기 쉽다)

▶ Viele Bücher *überdauern ihre Verfasser* nicht. (=Sie leben nur so lange wie ihre Verfasser. Man vergißt sie schnell.)

dienen vs. bedienen vs. verdienen

dienen

- 그 젊은 남자는 공군에서 복무하고 있다.
  ▶ Der junge Mann *dient bei* der Luftwaffe. (=Er macht dort seinen Militärdienst.)

`jm. ~`

- 그 수도사는 그의 주님인 하느님에게 봉사/헌신한다.
  ▶ Der Mönch *dient Gott, seinem Herrn*. (=Er erkennt ihn als seinen Herrn an und gibt ihm sein ganzes Leben.)

`etw. ~`

- 공원들은 모든 시민들의 휴식/피로회복에 도움을 준다.
  ▶ Die öffentlichen Parks *dienen* der Erholung aller Bürger. (=Sie sind für alle Bürger da.)

`jm. mit etw. ~`

- 우리는 30유로짜리 침대가 두 개 있는 방은 유감스럽게도 없습니다.
  ▶ *Mit einem Doppelzimmer* für dreißig Euro können wir *Ihnen* leider nicht *dienen*. (=Das haben wir leider nicht.)

zu etw. ~

- 기중기들은 배들에 짐을 싣고 내리는 데 이용된다.
  ▶ Die Kräne *dienen zum* Beladen und Entladen der Schiffe. (=Man gebraucht sie dazu.)

bedienen

- 급사는 그 손님들을 접대한다.
  ▶ Der Kellner *bedient* die Gäste. (=Er bringt ihnen die Speisen und Getränke.)

sich⁴ einer Sache (Gen.) ~

- 그 장부계원은 계산기를 이용한다.
  ▶ Der Buchhalter *bedient sich* der Rechenmaschine. (=Er benutzt sie.)

verdienen

- 노동자는 한 달에 얼마나 버느냐?
  ▶ Wieviel *verdient* ein Arbeiter pro Monat? (=Wieviel Geld bekommt er für seine Arbeit?)

- 이 책은 주목받을 만하다.
  ▶ Dieses Buch *verdient* Beachtung. (=Es ist gut, man sollte es beachten.)

015
drohen vs. androhen vs. bedrohen

drohen

- 소나기가 곧 한 차례 퍼부을 것 같다.

▶ Ein Gewitter *droht*. (=Man fürchtet, dass es kommt.)

• 홍수가 그 도시전체를 막 침수시킬 우려가 있다.

▶ Das Hochwasser *droht* die ganze Stadt *zu* überfluten/überschwemmen. (=Man befürchtet es.)

• 선생님은 그 애를 손가락으로 위협한다.

▶ Der Lehrer *droht* dem Kind *mit* dem Finger. (=Er hob ihn warnend.)

androhen

• 경찰관은 벌을 주겠다고 나를 위협했다.

▶ Der Polizist *drohte* mir eine Strafe *an*. (=Er sagte, ich würde eine Strafe bekommen.)

• 그는 그녀에게 해고하겠다고 위협했다.

▶ Er *drohte* ihr *an*, sie zu entlassen. (Langenscheidt, S. 42)

*Er drohte ihr eine Entlassung an*도 가능하다. androhen의 *an*은 *ankündigen*에서처럼 '미래의 일을 미리 알리다'의 의미를 내포하고 있다.

bedrohen

• 침입자는 한 권총으로 나를 위협했다.

▶ Der Einbrecher *bedrohte* mich mit einem Revolver/einer Pistole. (=Er wollte mich damit ängstigen.)

• 이 지역은 지진의 위험이 있다.

▶ Dieses Gebiet ist von Erdbeben *bedroht*. (=Es ist hier Erdbebengefahr.)

enden vs. beenden vs. verenden vs. vollenden

enden

- 그 영화는 행복하게 끝난다.
  ▶ Der Film *endet* glücklich.

  mit etw. ~

- 그 날 저녁은 한 개의 싸움으로 끝났다.
  ▶ Der Abend *endete mit* einem Streit. (=Am Ende gab es Streit.)

beenden

- 올 해에 나의 아들은 그의 공부를 끝낸다.
  ▶ In diesem Jahr *beendet* mein Sohn sein Studium. (=Er wird fertig. Er schließt das Studium ab.)

verenden

- 그 동물이 죽어버렸다.
  ▶ Das Tier ist *verendet*. (=Es ist gestorben.)

vollenden

- 그 조각가는 죽기 전에 그의 조각품을 완성할 수 없었다.
  ▶ Bevor der Bildhauer starb, hatte er seine Skulptur nicht *vollenden* können.

017
erben vs. beerben vs. ererben vs. vererben

erben

- 나는 그 집을 나의 삼촌으로부터 상속받았다.
  ▶ Ich habe *das Haus von meinem Onkel geerbt*.

beerben

- 나는 자식이 없는 내 삼촌으로부터 그의 유산을 상속받았다.
  ▶ Ich *beerbte meinen kinderlosen Onkel*. (=Ich bekam sein Vermögen.)

ererben

- 그는 그의 재산을 상속으로 물려받았다.
  ▶ Er hat *sein Vermögen ererbt*. (=Er hat es durch Erbschaft bekommen.)

vererben

- 그의 아버지는 그에게 부채들만을 남겨주었다.
  ▶ Sein Vater hat *ihm* nur *Schulden vererbt*. (=Er hinterließ nur Schulden, die der Sohn bezahlen muss.)

> *Ich habe Schuld daran, dass ...*('내가 dass... 이하의 사실에 책임이 있다')에서는 단수형의 *Schuld*를 사용하지만, '구체적인 여러 가지 부채들'의 의미를 나타낼 때에는 *Schulden*이라는 복수형을 사용하게 된다.

erinnern vs. sich erinnern

erinnern

- 내가 당신에게 돈을 주도록 나에게 기억시켜 주십시오!
  ▶ *Erinnern* Sie *mich* bitte (*daran*), dass ich Ihnen das Geld gebe! (=Sagen Sie es mir, damit ich es nicht vergesse! Mahnen Sie!)

sich⁴ an jn./etw. erinnern:

- 당신은 베르거 씨를 기억하실 수 있습니까?
  ▶ Können Sie *sich an* Herrn Berger *erinnern*? (=Wissen Sie noch, wer das ist?)

fassen vs. abfassen vs. anfassen vs. auffassen vs. befassen vs. einfassen vs. erfassen vs. umfassen vs. verfassen vs. zufassen vs. zusammenfassen

fassen

- 그 애는 어머니의 손을 잡았다.
  ▶ Das Kind *fasste* die Mutter an der Hand. (=Es ergriff ihre Hand.)

- 사람들은 그 도둑을 이미 체포했다.
  ▶ Man hat *den Dieb* schon *gefasst*. (=Man hat ihn gefangen.)

- 그는 그 좋은 비평문을 읽은 후에 새로운 용기를 갖게 되었다.

▶ Er *fasste* neuen *Mut*, nachdem er die gute Kritik gelesen hatte. (=Er wurde wieder mutig. I.)

• 그 물통은 5리터의 용량이다.

▶ Der Eimer *fasst fünf Liter*. (=Fünf Liter gehen hinein.)

sich ~

• 너무 말을 많이 하지마라!

▶ *Fasse dich kurz*! (Mache nicht so viele Worte.)

▶ Er *fasste sich ein Herz* und ging zu seinem Professor. (=Er nahm allen Mut zusammen. I.)

sich in etw. ~

• 인내심을 가지세요!

▶ *Fassen Sie sich in Geduld*! (Haben Sie Geduld!)

sich auf etw. gefaßt machen

• 최악의 사태를 각오하라!

▶ *Mache dich auf das Schlimmste gefaßt!* (=Rechne damit!)

abfassen

• 변호사는 알맞은 단어들로 그 문건을 작성한다.

▶ Der Rechtsanwalt *fasst das Schreiben ab*. (=Er findet die richtigen Worte dafür.)

anfassen

• 아기는 부드럽게 잡아야 한다.

▶ *Das Baby* muss man zart *anfassen*.

> *우리말에서 대격을 테마로 삼아 문두에 두어 강조하면, 토씨 '를'대신에 '는'을 사용하여 '주제'임을 나타낸다.

auffassen

- 그 늙은 남자는 나의 도움을 잘못 이해했다.
  ▶ Der alte Mann hat *meine Hilfe* falsch *aufgefasst*. (=Er mißversteht mich und ist nun beleidigt.)

befassen

| sich mit etw. ~ |

- 이 작문은 우주여행의 가능성들을 취급하고 있다.
  ▶ Dieser Aufsatz *befasst sich mit* den Möglichkeiten der Weltraumfahrt. (=Er beschäftigt sich damit.)

einfassen

- 그 정원사는 꽃밭의 주위를 돌들로 둘러싼다.
  ▶ Der Gärtner *fasst das Beet mit Steinen ein*. (=Er macht einen Rand aus Steinen um das Beet.)

erfassen

- 그가 그 잔을 손에 잡았다.
  ▶ Er *erfasste das Glas*. (=Er nahm es in die Hand.)

- 당신은 당신이 처해있는 그 위험을 아직 파악하지 못했습니까?
  ▶ Haben Sie *die Gefahr* noch nicht *erfasst*, in der Sie sich befinden? (=Verstehen Sie das nicht?)

umfassen

- 의학공부는 많은 분야들을 포함한다.
  ▶ Das Medizinstudium *umfasst viele Teilgebiete*. (=Viele Gebiete gehören dazu.)

verfassen

- 뮬러 박사가 이 책을 저술했다.
  ▶ Dr. Müller hat *dieses Buch verfasst*. (=Er ist der Autor.)

zufassen

- 제발, 주저하지 말고 많이 드십시오!
  ▶ Bitte, *fassen* Sie *zu!* = Bitte, *greifen* Sie *zu!*

*전자보다 후자의 표현이 일상적으로 더 많이 사용된다.

zusammenfassen

- 이 장(章)의 내용을 요약하십시오!
  ▶ *Fassen Sie den Inhalt dieses Abschnittes zusammen!* (=Sagen Sie kurz, was darin steht!)

020
fehlen vs. verfehlen

fehlen

- 당신의 아들은 오늘 학교에 결석했다.

▶ Ihr Sohn hat heute in der Schüle *gefehlt*. (=Er war nicht da.)

etw. fehlt jm.

• 내 만년필이 없어졌다.

▶ *Mir fehlt* mein Füller. (=Ich habe ihn nicht und vermisse ihn.)

es fehlt jm. an etw.

• 그는 필요한 에너지를 갖고 있지 않다.

▶ *Es fehlt ihm an der nötigen Energie.* (=Er besitzt sie nicht.)

verfehlen

• 그 사수는 목표를 맞추지 못했다.

▶ Der Schütze hat *das Ziel verfehlt*. (=Er traf es nicht.)

• 그는 유감스럽게 자신에 맞는 직업을 얻지 못했다.

▶ Er hat leider *seinen Beruf verfehlt*. (=Er hat nicht den richtigen Beruf ergriffen.)

• 동정은 여기에 적당치 않으리라!

▶ Mitleid wäre hier *verfehlt!* (=Mitleid wäre hier nicht am Platz.)

• 나는 당신을 이 파티에 무조건 초대하고 싶다.

▶ Ich möchte nicht verfehlen, Sie zu dieser Feier einzuladen. (=Ich möchte Sie unbedingt einladen.)

sich ~

• 우리는 서로를 만나지 못했다.

▶ Wir haben *uns verfehlt*. (Wir haben uns nicht getroffen.)

021

flehen vs. anflehen

```
um etw.⁴ ~
```

- 그 포로는 은총을 간구했다.
    ▶ Der Gefangene *flehte um Gnade*. (=Er bat in großer Not darum.)

  *um etw.⁴ bitten*과 의미가 비슷하므로, 전치사도 똑 같이 *um*이 왔다.

```
zu jm. ~
```

- 그 기독교인은 하느님에게 도움을 간구한다.
    ▶ Der Christ *fleht zu* Gott. (=Er betet und bittet ihn um Hilfe.)

- 그 사형수는 왕에게 그의 생명을 살려 줄 것을 간청했다.
    ▶ Der zum Tod Verurteilte *flehte den König an*, ihm das Leben *zu* schenken. (=Er bat ihn, so sehr er konnte.)

022

folgen vs. befolgen vs. nachfolgen vs. verfolgen

- 그 낯선 사람들은 성을 통과하여 안내자를 따라 간다.
    ▶ Die Fremden *folgen dem Führer* durch das Schloß. (=Sie gehen

hinter ihm her.)

- 나는 불어로 하는 그 담소를 완전히 이해하지는 못했다.
  ▶ Ich konnte *der französischen Unterhaltung* nicht *folgen*. (=Ich verstand sie nicht ganz.)

- 내가 너에게 충고한 것처럼 하라!
  ▶ *Folge meinem Rat!* (=Tue, was ich dir gesagt habe.)

- 그 애는 어머니에게 복종한다.
  ▶ Das Kind *folgt der Mutter*. (=Es gehorcht ihr.)

  auf jn. ~

- 오토 1세를 오토 2세가 계승했다.
  ▶ *Auf Otto 1. folgte* Otto II. (=Otto II. kam nach Otto 1.)

befolgen

- 환자는 그의 주치의의 지시들을 준수했다.
  ▶ Der Patient *befolgte die Weisungen seines Arztes*.

nachfolgen

- 그 부인은 그녀의 남편이 죽은 후에 곧 따라서 죽었다.
  ▶ Die Frau *folgte ihrem Mann* bald *in die Ewigkeit nach*. (=Sie starb bald nach ihm.)

verfolgen

- 경찰은 그 범죄자를 추적한다.
  ▶ Die Polizei *verfolgt den Verbrecher*. (=Sie will ihn fangen.)

> *Polizei는 Publikum, Obst, Bürgertum, Menschheit, Familie, Obst, Geschwister처럼 '집합명사'로서 '경찰집단'을 나타내므로 '복수의 사람들'이다.

- 그녀는 확고부동하게 그녀의 목표를 추구했다.
  ▶ Sie hat eisern *ihr Ziel verfolgt.* (=Sie arbeitet mit Energie, um ihr Ziel zu erreichen.)

- 신문기자들은 회의의 추이를 예의 주시한다.
  ▶ Die Journalisten *verfolgen den Verlauf der Konferenz.*

023
fordern vs. auffordern vs. überfordern

fordern

- 그 소매상인은 한 높은 가격을 요구했다.
  ▶ Der Händler hat *einen hohen Preis gefordert.* (=Er verlangt viel.)

- 그 일이 나의 모든 집중력/주의력을 요구한다.
  ▶ Die Arbeit *fordert meine ganze Aufmerksamkeit.* (=Ich brauche meine ganze Konzentration für diese Arbeit.)

jn. zu etw. ~

- 그는 그에게 결투를 하자고 도전했다.
  ▶ Er hat *ihn zum Duell gefordert.* (모델, 711쪽)

auffordern

- 그 경찰관이 나에게 계속 걸어가도록 요구한다.
  ▶ Der Polizist *fordert mich auf, weiterzugehen.* (=Er bittet mich energisch.)

- 그 젊은 남자가 그 숙녀에게 춤을 출 것을 요청했다.
  ▶ Der junge Mann hat *die Dame zum Tanz aufgefordert.* (=Er hat sie um den Tanz gebeten. I.)

herausfordern

jn. zu etw. ~

- 그의 주장들이 반대를 유발한다/야기시킨다.
  ▶ Seine Behauptungen *fordern zum Widerspruch heraus.* (=Sie reizen zum Widerspruch. Man muss widersprechen.)

überfordern

- 그 선생님이 그의 학생들에게 과도하게 요구한다.
  ▶ Der Lehrer *überfordert seine Schüler.* (=Er verlangt zu viel von ihnen.)

024

forschen vs. erforschen

forschen

nach etw. ~

- 학자들은 이 병의 병원체를 찾고 있다.
  ▶ Die Wissenschaftler *forschen nach dem Erreger dieser Krankheit.* (=Sie

suchen die Bakterien, die diese Krankheit hervorrufen.)

ausforschen

> jn. nach etw. ~

- 나의 아버지는 나에게서 그 돈의 소재/행방을 탐문하려고 했다.
  - ▶ Mein Vater *forschte mich nach dem Verbleib des Geldes aus*. (=Er wollte wissen, wo das Geld geblieben war.)

erforschen

- 그 생물학자는 벌들의 생활을 탐구했다.
  - ▶ Der Biologe *erforschte das Leben der Bienen*. (=Er untersuchte es genau.)

nachforschen

- 교수님은 그 그림이 현재 어느 박물관에 걸려 있는지를 조사/탐색/탐문하고 있다.
  - ▶ Der Professor *forscht nach, in welchem* Museum das Gemälde jetzt hängt. (=Er erkundigt sich gründlich.)

025

fragen vs. anfragen vs. befragen vs. erfragen vs. überfragen

fragen

- 나는 선생님에게 질문한다.
  - ▶ Ich *frage den Lehrer*.

- 겨울에는 수영복에 대한 수요가 적다.
  ▶ Im Winter werden *Badeanzüge wenig gefragt*. (=Man verlangt sie nicht oft.)

  sich ~

- 그 새로운 법률이 좋은지 의문이다.
  ▶ *Es fragt sich*, ob das neue Gesetz gut ist. (=Es ist nicht sicher.)

  jn. nach etw./jm. ~

- 그 경찰관에게 길을 물어보십시오!
  ▶ *Fragen Sie den Schützmann nach dem Weg!* (=Erkundigen Sie sich bei ihm!)

abfragen

- 나는 그에게 라틴어 단어를 물어 테스트했다.
  ▶ Ich fragte *ihn/ihm lateinische Vokabeln ab*. (모델, 10쪽)

- 선생님이 나를 시험하기 위해 물었다.
  ▶ Der Lehrer hat *mich abgefragt*. (모델, 10쪽)

- 그 여자는 그에게서 비밀을 물어 알아내고자 했다.
  ▶ Sie wollte *ihm sein Geheimnis abfragen*. (모델, 10쪽)

anfragen

- 나는 여행사에 서울행 비행기에 아직 빈 좌석이 한 개 남아 있는지 문의했다.
  ▶ Ich habe im Reisebüro *angefragt*, ob noch ein Platz in dem Flugzeug nach Seoul frei ist. (=Ich habe mich erkundigt.)

ausfragen

- 그의 어머니는 그에게 그의 여자 친구에 대해 꼬치꼬치 캐묻는다.
  ▶ Seine Mutter *fragt ihn* ständig *über* seine neue Freundin *aus*. (Langescheidt, S. 94)

befragen

- 그 여론조사협회는 주민들의 여론을 묻는다.
  ▶ Das Institut für Meinungsforschung *befragt* die Bevölkerung. (=Man will wissen, was das Volk denkt.)

erfragen

- 나는 그 정확한 가격을 물어서 알아낼 수 있었다.
  ▶ Ich konnte den genauen Preis *erfragen*. (=Ich konnte ihn durch Fragen erfahren.)

nachfragen

- 나중에 다시 한 번 물어보세요!
  ▶ *Fragen* Sie später wieder *nach!* (=Fragen Sie später noch einmal!)

überfragen

- 나는 그것을 정말 몰라!
  ▶ Da bin ich *überfragt!* (=Das kann ich Ihnen nicht sagen! Das weiß ich wirklich nicht.)

026

freuen vs. erfreuen

freuen

sich ~

- 나는 당신을 보게 되어 기쁘다.
  > Ich *freue mich*, Sie zu sehen. (=Es ist mir ein Vergnügen.)

sich auf etw.⁴ ~

- 그 교수님은 그의 휴가여행을 기뻐하며 기다리고 있다.
  > Der Professor *freut sich auf* seine Urlaubsreise. (=Schon vorher denkt sie mit Freude daran.)

   **sich freuen auf etw.⁴* '미래의 사건에 대해 기뻐하다', *warten auf etw.⁴* '무엇을 기다리다', *hoffen auf etw.⁴* '무엇을 희망하다'에서 공통되는 것은 전치사 *auf* 다음의 etw.⁴가 '미래의 사건'을 나타낸다는 점이다.

sich über etw. ~

- 그녀는 좋은 날씨에 대해 기뻐하였다.
  > Sie *freute sich über* das schöne Wetter. (=Das Wetter war schön, und sie war glücklich darüber.)

sich an etw. ~

- 그는 그 아름다운 꽃들을 보고 기뻐한다.
  > Er *freut sich an* den schönen Blumen/am Blick der schönen Blumen.

erfreuen

- 무엇으로 그 병든 남자를 기뻐하게 할 수 있겠는가?
  ▶ Womit könnte man den Kranken *erfreuen*? (=Womit könnte man ihm eine Freude machen?)

  sich einer Sache (Gen.) ~

- 그는 최고의 건강상태를 향유하고 있다.
  ▶ Er *erfreut sich* bester Gesundheit.

  sich an etw. ~

- 우리는 그 훌륭한 음악을 즐겼다.
  ▶ Wir haben *uns an* der herrlichen Musik *erfreut*. (=Wir haben sie genossen.)

027

führen vs. anführen vs. aufführen vs. ausführen vs. durchführen vs. einführen vs. entführen vs. fortführen vs. heimführen vs. herbeiführen vs. herumführen vs. hinführen vs. überführen vs. verführen vs. zurückführen

*führen*은 수많은 '의미 변이체들 Bedeutungsvarianten'을 가지고 있다. 그러므로 그런 의미변이체들의 문장구조의 차이를 잘 나타내주는 예문들을 가지고 있는 (VALBU)를 이용함으로써, *führen*이 어떤 의미들과 어떤 문장구조를 가질 수 있는지 잘 보여줄 수 있을 것이다.

"führen   führt-führte-hat geführt

führen 1   etwas verantwortlich leiten

führen 2   etwas irgendwohin geleiten

führen 3<zu>	etwas als Folge haben
führen 4	irgendwohin verlaufen
führen 5	während eines Wettbewerbs an der Spitze stehen
führen 6	etwas als offizielle Bezeichnung haben
führen 7	etwas in seinem Sortiment haben
führen 8	etwas steuern
führen 9	Informationen in etwas eintragen
führen 10	jemanden veranlassen, nach seinem Wunsch zu handeln
führen 11	etwas mit sich transportieren
führen 12<zu>	jemanden zu etwas veranlassen
führen 13	etwas irgendwohin bewegen
führen 14	jemanden in etwas bringen
führen 15	etwas derart verwirklichen, dass es irgendwohin verläuft
führen 16	der Grund dafür sein, dass sich jemand irgendwohin begibt
führen 17	die Bewegung von etwas bestimmen

führen 1

- 그는 이미 10년 전부터 그 기업을 경영해왔다.
  ▶ Er *führte den Betrieb* [schon seit 10 Jahren].

> *[schon seit 10 Jahren]은 schon seit 10 Jahren이 '동사보충어 Ergänzung'가 아니라 '임의 첨가어 Angabe'임을 나타낸다.

führen 2

- 제발 그 신사를 내 사무실 안으로 안내/인도하십시오!
  ▶ *führen* Sie [bitte] *den Herrn in mein Büro!*

führen 3<zu>

- 그 회의는 아무런 결과도 가져오지 못했다.
  ▶ Die Konferenz hat *zu keinem Ergebnis geführt*.

  > *führen 3<zu>는 전치사 zu가 '전치사 보충어 Präpositionalergänzung'로 반드시 온다는 것을 표시한다.

führen 4

- 그 곳으로부터 그 길은 가파르게 계곡으로 내려간다.
  ▶ Von dort *führt* der Weg [steil] abwärts *ins Tal*.

führen 5

- 20분후에 우리 팀이 2:0으로 우세했다.
  ▶ Nach 20 Minuten *führte* unsere Mannschaft *mit 2:0*.

führen 6

- 그가 올해의 최고 선수들이란 타이틀을 받았던 것은 정당하다.
  ▶ Er *führt den Titel bester Sportler des Jahres* [zu Recht].

führen 7

- 우리 가게는 큰 전기기구들은 취급하지 않고, 토스터(=빵 굽는 기구)같은 작은 전기기구들만을 취급한다.
  ▶ Unser Geschäft *führt keine großen Elektrogeräte, nur kleine wie Toaster*.

- 피퍼는 자신의 상점에서 취급하지 않는 것은 어딘가 다른 곳에서 조달한다.
  ▶ *Was* er [nicht] [in seinem eigenen Laden] *führt*, besorgt Pieper woanders.

führen 8

- 그는 무거운 오토바이의 운전면허를 받았다.
  ▶ Er erhielt die Erlaubnis, *ein schweres Motorrad zu führen*.

führen 9

- 우리 사장은 여러 동료들의 생일과 주소들에 대한 카드식 목록을 작성한다.
  ▶ Unser Chef *führt eine Kartei* über die Geburtsdaten und Adressen der verschiedenen Mitarbeiter.

führen 10

- 자신의 애들을 정말 사랑하는 부모들은 애들이 자기 기분대로 하도록 내버려두지 않고, 가르치고 지도할 것입니다.
  ▶ Eltern, die ihre Kinder wirklich lieben, werden *sie* belehren und *führen* und nicht einfach allen ihren Launen nachgeben.

führen 11

- 네카 강이 다시 홍수를 몰고 오고 있다, 바라건대 언덕거리가 범람하지 않기를.
  ▶ Der Neckar *führt* wieder *Hochwasser*, hoffentlich wird die Uferstraße nicht überschwemmt.

- 그 기차는 한 개의 식당 칸을 갖추고 있다.
  ▶ Der Zug *führt einen Speisewagen*.

führen 12<zu>

- 이 발언이 그 경찰관이 틀린 결론을 내리도록 이끌었다.
  ▶ Diese Aussage *führte* den Polizisten *zu* falschen Schlüssen.

- 자신의 학생들의 나쁜 성적들이 그 선생님이 자신의 수업방법들을 변경하도록 만들었다.
  - ▶ Die schlechten Ergebnisse seiner Schüler *führten den Lehrer dazu*, seine Unterrichtsmethoden zu ändern.

  > *führen 12<zu>의 동사결합가를 설명하자면, '주어, 4격 보충어, 전치사 <zu>를 가진 전치사 보충어'의 3가 동사이고, 'dass-Satz'나 'Infinitiv mit <zu>'가 전치사 보충어의 '마지막 실현형태 terminale Struktur'로 오게 되면, 그 앞에 '생략할 수 없는 상관사(相關辭) obligatorisches Korrelat'인 dazu가 반드시 와야 한다.

führen 13

- 그 간호원이 그 늙은 부인의 입에 숟가락을 갖다대주었다.
  - ▶ Die Pflegerin *führte [der alten Frau] den Löffel zum Mund*.

  > *[der alten Frau]는 '신체의 일부 또는 의복'의 소유주를 나타내는 '소유의 3격 possessiver Dativ'으로서, '임의 첨가어 Angabe'이다. 여기에서는 '입'이 누구의 입인지를 나타내고 있다.

führen 14

- 신임 사장/교장이 그 기업을 3년 안에 적자에서 헤어나게 했다.
  - ▶ Der neue Direktor hat *das Unternehmen* [innerhalb von drei Jahren] *aus den roten Zahlen geführt*.

- 폭도들이 그 나라를 혼란 상태에 빠뜨렸다.
  - ▶ Die Rebellen haben *das Land ins Chaos geführt*.

- 지금까지 어떤 감독도 이 팀을 승리로 이끌지는 못했다.
  - ▶ Bis jetzt hat *es* noch kein Trainer geschafft, *diese Mannschaft zum Sieg zu führen*.

> *es는 diese Mannschaft zum Sieg zu führen을 주문장에서 미리 예고해주는 '상관사'로서 '후방 지시사 Kataphor'이기도 하다. kein Trainer가 es보다 뒤에 오는 이유는 대명사는 보통 알려진 것을 나타내어주기 때문에 정보가치에 있어서 덜 중요하므로 명사보다 앞에 나오기 때문이다.

führen 15

- 시 상원은 그 전차노선을 장갑고향-중심가까지 연장할 것을 결정했다.
  ▶ Der Stadtrat hat entschieden, *die Straßenbahnlinie bis nach Handschuhsheim-Mitte zu führen.*

führen 16

- 그 증인의 발언이 그 경감이 범인을 놓치게 했다.
  ▶ Die Aussage des Zeugen hatte *den Kommissar auf die falsche Spur geführt.*

führen 17

- '젊은이의 집'에서 젊은이들은 어떻게 카메라를 조작하는지를 배운다.
  ▶ Im 'Haus der Jugend' können die Jugendlichen lernen, wie man *eine Kamera führt."* (VALBU, S. 395ff.)

anführen

- 당신은 무엇을 당신의 이론에 대한 증거로서 댈 수 있습니까?
  ▶ *Was* können Sie als Beweis für Ihre Theorie *anführen?* (=Was können Sie als Beweis sagen?)

- 그 사내애가 한 범죄단체 패거리의 두목이었다.

▶ Der Junge hat *eine Bande angeführt*. (=Er war der Chef.)

aufführen

- 극장에서 괴테의 "파우스트"가 공연되고 있다.
  ▶ Im Schauspielhaus wird *Goethes "Faust" aufgeführt*. (=Man spielt Faust.)

sich ~

- 그 젊은 남자는 그 무도회저녁에 못되게 행동했다.
  ▶ Der junge Mann *führte sich* auf dem Tanzabend *schlecht* auf. (=Er benahm sich schlecht.)

ausführen

- 오늘 저녁에 나는 나의 아내를 산책에 데리고 간다.
  ▶ Heute Abend *führe* ich meine Frau *aus*. (=Ich gehe mit ihr spazieren.)

- 독일은 기계들과 다른 산업재들을 수출한다.
  ▶ Deutschland *führt Maschinen und sonstige Industriegüter aus*. (=Es exportiert sie.)

- 연사는 왜 그 도로의 건설이 필수적인지를 설명했다.
  ▶ Der Redner *führte aus*, warum der Bau der Straße notwendig ist. (=Er erklärte es.)

durchführen

- 내가 계획했던 것을, 나는 또한 실행에 옮긴다.
  ▶ Was ich mir vorgenommen habe, *führe* ich auch *durch*. (=Was ich will, das tue ich auch.)

- 경찰이 가택수색을 수행했다.
  ▶ Die Polizei hat *eine Haussuchung durchgeführt*. (=Sie durchsuchte das Haus.)

einführen

- 독일은 커피와 열대과일들을 수입한다.
  ▶ Deutschland *führt Kaffee und Südfrüchte ein*. (=Es importiert sie.)

entführen

- 그 애는 범죄자들에 의해 유괴되었다.
  ▶ Das Kind wurde von Verbrechern *entführt*. (=Sie haben es geraubt und mitgenommen.)

fortführen(=weiterführen)

- 아들이 아버지의 일을 계승하고 있다.
  ▶ Der Sohn *führt* die Arbeit des Vaters *fort/weiter*. (=Er übernimmt sie und arbeitet weiter.)

heimführen

- Fritz Müller가 교수님의 딸과 결혼했다.
  ▶ Fritz Müller *führte* die Tochter des Professors *heim*. (=Er heiratete sie.)

> *'그는 그녀와 결혼했다'를 *heiraten*은 *Er heiratete sie.*로 표현하지만, *sich verheiraten*은 *Er verheiratete sich mit ihr.*로 표현하는 동사결합가의 차이가 있고, '나는 기혼자이다'라고 말하려면, *Ich bin verheiratet.*라고 한다.

herbeiführen

- 회담이 성사되도록 노력하십시오!
  ▶ Versuchen Sie, eine Unterredung *herbeizuführen!* (=Tun Sie alles, damit es zu einer Unterredung kommt.)

herumführen

- 나는 속지 않는다.
  ▶ Ich lasse mich nicht *an der Nase herumführen!* (U.) (=Das kann man mit mir nicht machen! Ich lasse mich nicht anschwindeln! U.)

hinführen

- 그 교수님은 대학생들이 문제를 이해할 수 있게 하기위해 노력한다.
  ▶ Der Professor versucht, die Studenten an das Problem *hinzuführen*. (=Er will sie allmählich zu dem Problem bringen.)

überführen

- 그 죽은 남자는 고향으로 인도되었다.
  ▶ Der Tote wurde in die Heimat *überführt*. (=Man brachte ihn in die Heimat.)

- 증인의 증언들로 통해 그 범인의 유죄가 증명될 수 있었다.
  ▶ Durch Zeugenaussagen konnte der Verbrecher *überführt* werden. (=Man brachte den Beweis für seine Schuld.)

verführen

- 광고가 많은 사람들을 쓸데없는 구매들을 하도록 유혹한다.

▶ Die Werbung *verführt* viele Menschen zu überflüssigen Käufen.

zurückführen

`etw. auf etw. ~`

• 경찰은 그 사고의 원인을 도로가 얼었던 탓으로 돌린다.

▶ Die Polizei *führt* den Unfall *auf* die vereiste Straße *zurück*. (=Sie glaubt, dass das die Ursache dafür ist.)

028
fürchten vs. befürchten

fürchten

• 신자들은 하느님에 대해 경외심을 지닌다.

▶ Gläubige Menschen *fürchten* Gott. (=Sie haben Respekt vor ihm.)

• 나는 소나기가 올까봐 걱정이다.

▶ Ich *fürchte*, es kommt ein Gewitter. (=Ich glaube es, aber ich wünsche es nicht.)

`für/um etw. ~`

• 그는 그의 생명을 잃을까봐 불안하다.

▶ Er *fürchtet für/um* sein Leben. (=Er hat Angst, es zu verlieren.)

`sich vor etw./jm. ~`

• 그 애는 그 큰 개를 두려워한다.

▶ Das Kind *fürchtet sich vor* dem großen Hund. (=Es hat Angst.)

befürchten

- 상인은 세금이 오를까봐 걱정이다.
  - ▶ Der Kaufmann *befürchtet*, dass die Steuern erhöht werden. (=Er erwartet die Steuererhöhung mit Sorge.)

029

gewöhnen vs. abgewöhnen vs. angewöhnen

gewöhnen

`jn./sich⁴ an etw./jn. ~`

- 어머니는 애들을 시간을 잘 지키도록 습관을 들인다.
  - ▶ Die Mutter *gewöhnt* die Kinder *an* Pünktlichkeit. (=Sie erzieht sie dazu. Pünktlichkeit wird ihnen selbstverständlich.)

- 나는 여기 기후에 익숙해졌다.
  - ▶ Ich habe *mich an* das hiesige Klima *gewöhnt*. (=Ich fühle mich jetzt hier wohl. Der Unterschied fällt mir nicht mehr auf.)

abgewöhnen

`jm./sich³ etw. ~`

- 베르거씨는 담배를 끊었다.
  - ▶ Herr Berger hat *sich* das Rauchen *abgewöhnt*. (=Er raucht nicht mehr.)

angewöhnen

jm./sich³ etw.⁴ ~

- 우리는 매일 식사 후에 한 잔의 커피를 마시는 것이 습관이 되었다.
  ▶ Wir haben *uns angewöhnt*, jeden Tag nach dem Essen eine Tasse Kaffee zu trinken. (=Wir tun das jetzt immer. Es ist eine Gewohnheit geworden.)
- 그는 매일 저녁 산책하는 습관을 가지게 되었다.
  ▶ Er hat *sich angewöhnt*, jeder Abend einen Spaziergang zu machen.

>  *jm./sich³ etw.⁴ abgewöhnen과 jm./sich³ etws.⁴ angewöhnen은 '유연재귀구조'이다. etw⁴ 자리에는 Inf⁺가 왔다. 즉 jm.자리에 sich³가 왔을 뿐이다. (Langenscheidt, S.7과 S.46 참조)

030
glauben

glauben

- 나는 그 거지의 이 이야기를 믿지 않는다.
  ▶ Ich *glaube* dem Bettler diese Geschichte nicht. (=Ich denke, er lügt.)
- 우리는 그가 이미 오래전에 미국에 있다고 믿었다.
  ▶ Wir *glaubten* ihn längst in Amerika. (=Wir waren sicher, er wäre dort.)
- 나는 그를 안다고 생각한다.
  ▶ Ich *glaube* ihn zu kennen. (=Ich meine, vermute es.)
- 너는 그가 오리라고 생각하니?
  ▶ *Glaubst* du, dass er kommt? (모델, 834쪽)

| an etw./jn. ~ |

- 그 신자는 하느님이 있다고 믿는다.

  ▶ Der Gläubige *glaubt an* Gott. (=Er ist sicher, dass es Gott gibt.)

- 그는 사람들이 정직하다고 확신한다.

  ▶ Er *glaubt an* die Ehrlichkeit der Menschen. (=Er ist überzeugt davon.)

031

glücken vs. beglücken vs. missglücken vs. verunglücken

- 오페라 표들을 구하는 데 나는 결국 성공했다.

  ▶ Es ist mir doch noch *geglückt*, Opernkarten zu bekommen. (=Es ist mir gelungen.)

beglücken

- 너의 방문이 그 늙은 남자를 행복하게 만들었다.

  ▶ Dein Besuch hat *den alten Mann beglückt*. (=Er hat ihn glücklich gemacht.)

 *4격 보충어에 '사람'이 온다.

missglücken

- 그 로켓의 발사는 실패했다.

  ▶ Der Raketenstart ist *missglückt*. (=Er ist nicht gelungen.)

verunglücken

• 그 운전수는 치명적인 사고를 당했다.
  ▶ Der Autofahrer ist tödlich *verunglückt*. (=Er kam ums Leben. Er starb bei einem Unfall.)

032

grenzen vs. abgrenzen vs. begrenzen vs. eingrenzen vs. umgrenzen

grenzen

```
an etw. ~
```

• 독일은 덴막과 국경을 접하고 있다.
  ▶ Deutschland *grenzt an* Dänemark. (=Diese Länder sind Nachbarn.)

• 그의 태도는 거의 철면피에 가깝다.
  ▶ Sein Benehmen *grenzt an* Unverschämtheit. (=Es ist fast eine Unverschämtheit.)

abgrenzen

• 그 두 부서들의 일의 영역들은 서로 정확히 분리되어 있다.
  ▶ Die Arbeitsbereiche der beiden Abteilungen sind genau *voneinander abgegrenzt*. (=Sie sind deutlich unterschieden, genau getrennt.)

begrenzen

• 그의 재능은 한정되어 있다.

▶ Seine Begabung ist *begrenzt*. (=Sie hat Grenzen, sie ist nicht sehr groß.)

eingrenzen

- 울타리가 목초지를 둘러싸면서 경계를 이룬다.
  ▶ Die Hecke *grenzt* die Weide *ein*. (=Sie umgibt sie und bildet die Grenze.)

umgrenzen

- 그 법률은 장관의 권한이 어디까지인지 정확하게 보여주었다.
  ▶ Das Gesetz hat die Vollmachten des Ministers genau *umgrenzt*. (=Es hat genau gezeigt, wie weit seine Rechte gehen.)

grübeln vs. nachgrübeln

grübeln

- 그는 하루 종일 골똘히 생각한다.
  ▶ Er *grübelt* den ganzen Tag. (=Er macht sich Sorgen und Gedanken.)

nachgrübeln

> über etw. ~

- 나는 이 문제의 해결책에 관해 오래 심사숙고했다.
  ▶ Ich habe lange *über* eine Lösung für dieses Problem *nachgegrübelt*. (=Ich habe intensiv darüber nachgedacht.)

gründen vs. begründen vs. ergründen

gründen

- 가수들은 한 협회를 창설하려고 한다.
  ▶ Die Sänger wollen einen Verein *gründen*. (=Sie wollen ihn ins Leben rufen. Sie machen den ersten Anfang.)

  sich auf etw. ~

- 그의 요구들은 그의 할아버지의 유언에 토대를 두고 있다.
  ▶ Seine Forderungen *gründen sich auf* das Testament seines Großvaters. (=Das Testament ist die Grundlage seiner Ansprüche.)

begründen

- 할아버지가 그 가족의 재산의 토대를 세웠다.
  ▶ Der Großvater *begründete* das Vermögen der Familie. (=Er machte den Anfang.)

- 당신은 당신이 왜 그렇게 결정했는지 설명할 수 있습니까?
  ▶ Können Sie Ihren Entschluss *begründen*? (=Können Sie sagen, warum Sie sich so entschieden haben?)

ergründen

- 사람들은 그의 동기들을 결코 완전히 규명해낼 수는 없었다.
  ▶ Man konnte seine Motive nie ganz *ergründen*. (=Man konnte sie nicht ganz erforschen.)

handeln vs. behandeln vs. verhandeln

handeln

ⓐ tun
- 나는 나의 양심에 반해 행동할 수는 없다.
  ▶ Ich kann nicht gegen mein Gewissen *handeln*! (=Ich tue nur, was ich für richtig halte.)

ⓑ erzählen
- 그 책은 현대 이란의 문제들에 관해 다루고 있다.
  ▶ Das Buch *handelt von* den Problemen des modernen Iran. (=Die Darstellung der Probleme ist der Inhalt des Buches.)

ⓒ kaufen und verkaufen

| mit etw. ~ |

- 한 서적출판업자가 책들을 판매한다.
  ▶ Ein Buchhändler *handelt mit* Büchern. (=Er verkauft sie.)

ⓓ den Preis drücken
- 그는 흥정을 시도한다.
  ▶ Er versucht zu *handeln*. (=Er wollte weniger bezahlen.)

| es handelt sich um etw./jn. |

- 지멘스는 전기기계산업의 큰 기업체이다.
  ▶ Bei der Firma Siemens *handelt es sich um* ein großes Unternehmen der Elektroindustrie. (=Sie ist ein solches Unternehmen.)

behandeln

- 그 의사가 나의 어머니를 진료한다.
  ▶ Der Arzt *behandelt* meine Mutter. (=Er ist ihr Arzt.)

- 제발 그 작은 개에게 친절하게 대해주세요!
  ▶ Bitte *behandeln* Sie den kleinen Hund gut! (=Seien Sie freundlich zu ihm.)

- 그의 새 책에서 그 학자는 함부르크시의 역사를 취급하고 있다.
  ▶ In seinem neuen Buch *behandelt* der Wissenschaftler die Geschichte der Stadt Hamburg. (=Er bearbeitet dieses Thema.)

verhandeln

- 그 위원회들은 경계선/국경선의 진로에 관해 협상한다.
  ▶ Die Kommissionen *verhandeln* über den Verlauf der Grenze. (=Sie beraten darüber.)

| mit jm. ~ |

- 나는 집주인과 집세 때문에 흥정하였다.
  ▶ Ich habe *mit* meinem Hauswirt wegen der Miete *verhandelt*. (=Wir haben geschäftlich darüber gesprochen.)

| gegen jn. ~ |

- 법정은 오늘 그 살인자에 대해 심리한다.
  ▶ Das Gericht *verhandelt* heute *gegen* den Mörder. (Heute findet der Prozeß gegen ihn statt.)

hängen vs. behängen vs. verhängen

hängen

- 나는 나의 외투를 옷걸이에 걸었다.
  > Ich habe meinen Mantel an die Garderobe *gehängt*.

behängen

- 우리는 그 크리스마스트리에 여러 가지 색의 공 모양의 물체들을 걸었다.
  > Wir *behängten* den Weihnachtsbaum mit bunten Kugeln. (=Wir hängten sie an den Baum.)

verhängen

- 재판소는 그 밀수꾼들에 대해 중형들을 선고했다.
  > Das Gericht *verhängte* harte Strafen gegen die Schmuggler. (=Es sprach die Strafen aus. Es veranlaßte sie. I.)

heilen

heilen

- 그 상처는 빨리 나았다.
  > Die Wunde *ist* schnell *geheilt/verheilt*.

> *자동사 *heilen*은 '낫다'의 의미를 갖고 있으므로, '상태의 변화'를 나타낸다. 그러므로 완료형을 만들 때 *sein*과 결합한다.

- 의사는 그 병든 남자를 치유시켰다.
  ▶ Der Arzt hat den Kranken *geheilt*.

> *타동사 *heilen*은 '낫게 하다/치유시키다'의 의미를 갖고 있고, 타동사이므로 완료형을 만들 때 *haben*과 결합한다.

038

herrschen vs. beherrschen vs. vorherrschen

herrschen

- 강당 안은 아주 고요했다.
  ▶ Im Saal *herrschte* Stille. (=Es war ganz still.)

über etw./jn. ~

- 알렉산더대왕은 많은 나라들을 지배했다.
  ▶ Alexander der Große *herrschte über* viele Länder.

beherrschen

- 그 여비서는 이태리어를 아주 잘 구사한다.
  ▶ Die Sekretärin *beherrscht* die italienische Sprache. (=Sie spricht ausgezeichnet Italienisch.)

sich ~

- 정신을 차리십시오! (=자제 하십시오!)
  ▶ *Beherrschen* Sie *sich*! (=Nehmen Sie sich zusammen!)

vorherrschen

- 그의 도서관에는 학문적 서적들이 우세하다/더 많이 있다.
  ▶ In seiner Bibliothek *herrschen* wissenschaftliche Bücher *vor*. (=Solche Bücher sind in der Überzahl.)

hindern vs. behindern vs. verhindern

hindern

jn. an etw. ~

- 당신이 반드시 그러시겠다면, 가셔도 좋습니다. 나는 당신에게 그것을 방해할 수는 없습니다.
  ▶ Wenn Sie unbedingt wollen, können Sie gehen. Ich kann Sie nicht daran *hindern*.

- 소음이 내가 일하는 것을 방해한다.
  ▶ Der Lärm *hindert* mich *am* Arbeiten.

- 창문들의 격자들이 도둑들이 집으로 들어오는 것을 방지시켜야 합니다.
  ▶ Gitter an den Fenstern sollen Diebe *daran hindern*, ins Haus zu kommen.

jn. bei etw. ~

• 그 구멍 난 치아가 내가 먹는 것을 방해한다.
▶ Der hohle Zahn *hindert* mich *beim* Essen.

behindern

• 내 손가락위의 붕대가 내가 일하는 것을 방해한다.
▶ Der Verband an meinem Finger *behindert* mich *bei* der Arbeit.

verhindern

• 창문들의 격자들이 도둑질들을 막아야 합니다.
▶ Gitter an den Fenstern sollen Diebstähle *verhindern*. (=Sie sollen Diebstähle unmöglich machen.)

 *동사 *verhindern*은 4격 보충어 자리에 '동사에서 파생된 명사 Verbalabstraktum'가 자주 온다.

040
hoffen vs. erhoffen

hoffen

• 나는 당신이 건강하시길 바랍니다.
▶ Ich *hoffe*, Sie sind gesund. (=Ich wünsche es.)
▶ Ich *hoffe*, dass Sie gesund sind.

• 나는 당신을 곧 다시 뵙기를 바랍니다.

▶ Ich *hoffe*, Sie bald wiederzusehen.

 *Infintiv mit *zu* (=*zu*가 있는 부정형)가 목적어(=*Sie*)나 부사구를 가지면, 그 앞에 ',' 를 해준다.

auf etw. ~

- 사람들은 더 좋은 시대가 오기를 희망합니다.
  - ▶ Die Menschen *hoffen auf* bessere Zeiten. (=Sie wünschen, dass bessere Zeiten kommen.)

erhoffen

- 우리는 좋은 포도의 한 해를 기원합니다.
  - ▶ Wir *erhoffen uns* ein gutes Weinjahr. (=Wir wünschen, dass der Wein gut wird.)

041

holen vs. abholen vs. aufholen vs. ausholen vs. einholen vs. erholen vs. nachholen vs. überholen vs. wiederholen

holen

- 의사를 데리고 와!
  - ▶ *Hole* den Arzt! (=Bitte einen Arzt, dass er kommt.)

- 나는 신발장에서 구두들을 꺼내 왔다.
  - ▶ Ich *holte* die Schuhe *aus* dem Schrank. (=Ich ging zum Schrank und nahm sie heraus.)

- 페터는 맥주를 사가지고 온다.
  ▶ Peter *holt* Bier. (=Er geht und kauft Bier.)

- 나는 이제 우선 푹 쉬어야 한다.
  ▶ Ich muss erst einmal *Luft holen*. (=Ich muss mich erst einmal etwas ausruhen. U.)

- 그는 빈털터리이다.
  ▶ Bei dem ist *nichts* zu *holen*. (U.) (=Er ist arm. Er besitzt nichts. U.)

- 나는 너에 대해 대단히 화가 나서 너를 더 이상 보고 싶지 않다.
  ▶ Dich soll *der Teufel holen*! (U.) (=Ich bin wütend auf dich und möchte dich nicht mehr sehen. U.)

sich etw. ~

- 그 애는 콧물감기가 들었다.
  ▶ Das Kind hat *sich einen Schnupfen geholt*. (=Es hat sich erkältet. U.)

abholen

- 그 외국인 남자는 정거장에 그의 누이를 마중 나간다.
  ▶ Der Ausländer *holt* seine Schwester vom Bahnhof *ab*. (=Er fährt dorthin und erwartet sie dort.)

- 나는 구두수선공으로부터 수선된 내 구두를 받아 온다.
  ▶ Ich *hole* meine Schuhe vom Schuster *ab*. (=Sie sind fertig, und ich gehe deshalb dorthin.)

aufholen

- 그 대학생은 너무 늦게 그 과정에 입학하였다, 그러나 그는 먼저 시작

한 다른 학생들을 빨리 따라잡는다.

▶ Der Student ist zu spät in den Kurs eingetreten, aber er *holt* schnell *auf.* (=Er lernt schneller als die anderen und ist schon fast so weit wie sie.)

- 그 기차는 연착을 만회하여 정시에 도착한다.

▶ Der Zug *holt* die Verspätung *auf.* (=Er fährt schneller und kommt so doch noch pünktlich an.)

ausholen

- 그 투원반 선수는 그의 팔을 멀리 뒤로 제친다.

▶ Der Diskuswerfer *holt* weit *aus.* (=Er nimmt seinen Arm weit zurück.)

- 연사는 강연할 때 너무 긴 시간을 서론부분에 할애했다.

▶ Der Redner *holt* bei seinem Vortrag weit *aus.* (=Er machte eine sehr lange Einleitung.)

einholen

- 두 번째 주자가 첫 번째 주자를 따라잡을 수 있었다.

▶ Der an der zweiten Stelle liegende Läufer konnte den ersten *einholen.* (=Er konnte den Abstand beseitigen. Jetzt laufen sie nebeneinander.)

erholen

sich ~

- 뮬러씨가 휴가에서 푹 쉬어서 피로에서 완전히 회복되었다.

▶ Herr Müller hat *sich* im Urlaub gut *erholt.*

sich von etw. ~

- 당신은 그 충격에서 회복했느냐?
  ▶ Haben Sie *sich von* dem Schock *erholt*? (=Sind Sie jetzt wieder ruhig?)

nachholen

- 그 노동자는 그의 가족을 나중에 독일로 데리고 왔다.
  ▶ Der Arbeiter hat seine Familie nach Deutschland *nachgeholt*. (=Er kam zuerst allein, jetzt kommt seine Familie zu ihm.)

- 그 대학생은 문법공부에서 뒤쳐진 부분을 만회한다.
  ▶ Der Student *holt* die Grammatik *nach*. (=Er arbeitet nach.)

überholen

- 영국에서는 왼쪽차선으로 운전하고 오른 쪽으로 추월한다.
  ▶ In England fährt man links und *überholt* rechts.

- 프란츠는 영어에서 나를 앞서갔다.
  ▶ Franz hat mich in Englisch *überholt*. (=Er ist jetzt besser als ich.)

wiederholen

- 제발 당신의 질문을 다시 한 번 반복해 주십시오!
  ▶ Bitte *wiederholen* Sie Ihre Frage!

horchen vs. aufhorchen vs. gehorchen

horchen

- 주의를 기울여 한 번 들어봐! 그 곳에 아무도 없어?
  ▶ *Horch* mal! Ist da nicht jemand? (=Höre aufmerksam!)

- 그 호기심 많은 여주인은 열쇠구멍에서 몰래 엿들었다.
  ▶ Die neugierige Wirtin *horchte* am Schlüsselloch. (=Sie hörte heimlich zu.)

aufhorchen

- 나는 내 이름을 들었을 때, 주의를 기울였다.
  ▶ Als ich meinen Namen hörte, *horchte* ich *auf*. (=Ich wurde aufmerksam.)

gehorchen

- 그 군인은 그 명령에 복종했다.
  ▶ Der Soldat *gehorchte* dem Befehl.

043
hören vs. anhören vs. abhören

hören

- 너는 그 자명종소리를 들었느냐? 나는 그것이 울리는 소리를 듣지 못했다.
  ▶ Hast du den Wecker *gehört*? Ich habe ihn nicht läuten *hören*.

*zu*가 없는 부정형과의 결합에서, 화법조동사(können, sollen....)와 *sehen*, *hören*과 같은 지각동사와 *brauchen*과 *lassen*은 현재완료형을 만들 때, 과거 분사형(=das Partizip II)을 부정형(=Infinitiv)으로 대체한다. 그리고

> 이것을 '대체부정형 Ersatzinfitiv'이라고 부른다.
> Ich habe nicht antworten *können*.
> Ich habe ihn nicht kommen *sehen*.

- 그 늙은 남자는 귀가 어둡다.
  ▶ Der alte Mann *hört* schwer. (=Er ist schwerhörig.)

- 나는 마이어교수의 강의를 듣는다.
  ▶ Ich *höre* bei Professor Meyer. (=Ich besuche seine Vorlesungen.)

- 그 애는 말을 듣지 않는다.
  ▶ Das Kind *hört* nicht. (=Es folgt nicht.)

  auf etw. ~

- 나의 충고를 따르라!
  ▶ *Höre auf* meinen Rat! (=Befolge meinen Rat!)

anhören

- 당신은 내 말을 끝까지 다 들어야 한다.
  ▶ Sie müssen mich *anhören*!

  sich ~

- 그 이름은 이태리어로 들린다.
  ▶ Der Name *hört sich* italienisch *an*. (=Er klingt italienisch.)

  sich³ etw. ~

- 나는 그 강의를 청강했다.
  ▶ Ich habe mir den Vortrag *angehört*.

abhören

- 다른 사람의 통화내용을 도청하는 것은 금지되어 있다.
  ▶ Fremde Telefongespräche abzuhören, ist verboten.
  ▶ *Es* ist verboten, *fremde Telefongespräche abzuhören.*

*이 때의 *Es*는 *fremde Telefongespräche abzuhören*을 주문장에서 미리 예고해주는 '상관사(相關辭) Korrelat'이다.

aufhören

- 비가 그친다.
  ▶ Der Regen *hört auf.*

```
 mit etw. ~
```

- 이제 나는 그 일을 끝낸다.
  ▶ Jetzt *höre* ich *mit* der Arbeit *auf.* (=Ich mache Schluss.)

*'시작하다'도 전치사 *mit*가 온다: *mit etw. beginnen* '....을 시작하다'.

erhören

- 하느님이 그의 기도를 들어주었다.
  ▶ Gott hat sein Gebet *erhört.* (=Er hat es gehört und ihm seinen Wunsch erfüllt.)

gehören

```
 jm. ~
```

- 이 시계는 누구 것인가?
  ▶ Wem *gehört* diese Uhr?

*jm. gehören은 '소유관계'를 표현한다.

| zu etw. ~ |

- 개울의 다른 쪽 언덕은 이미 오스트리아의 영토에 소속된다.
▶ Das andere Ufer des Baches *gehört* schon *zu* Österreich.

 *zu etw. gehören은 '소속관계'를 나타낸다.

| es gehört etw. zu etw. |

- 이 어려운 경주에 참가하는 데에는 많은 용기가 필요하다.
▶ Es gehört *viel Mut dazu*, an diesem schwierigen Rennen teilzunehmen. (=Dazu muss man viel Mut haben.)

*이 때의 *Es*는 '허사(虛辭) Platzhalter' 또는 '주제 Thema'라고 불리며, 진짜 주어인 *viel Mut*가 문두에 오면 없어지며, *viel Mut*를 원래보다 뒤에 오게 하여 강조해주는 역할을 한다.

angehören

- 당신은 그 단체/협회의 일원입니까?
▶ *Gehören* Sie dem Verein *an*? (=Sind Sie in dem Verein Mitglied?)

überhören

- 그는 내가 부르는 소리를 듣지 못했다.
▶ Er hat mein Rufen *überhört*. (=Er hat es nicht gehört. Oder: Er wollte es nicht hören.)

umhören

$\boxed{\text{sich}^4 \text{ nach etw. } \sim}$

- 내가 당신의 방을 기꺼이 알아/찾아보겠소.
  ▶ Ich will *mich* gern *nach* einem Zimmer für Sie *umhören*.

verhören

- 판사가 증인들을 심문했다.
  ▶ Der Richter hat *die Zeugen verhört*.

$\boxed{\text{sich } \sim}$

- 당신은 그 가격을 잘못 들었음에 틀림없다.
  ▶ Sie müssen *sich* bei dem Preis *verhört* haben.

> *sich verhören*의 *sich*는 '잘못 듣다'를 표현하기위해, 항상 와야만 하는 숙어적 결합의 '무연(無緣) 재귀구조 Unmotivierte Reflexivkonstruktion'이다. '실수로 잘못 BV하다'로 의미풀이가 되는 ver-동사들에는 다음과 같은 예들이 있다. *sich verfahren, sich verkalkulieren, sich verlaufen, sich verlesen, sich vermessen, sich verrechnen, sich verschätzen, sich verwählen*(전화걸 때 번호를 잘못 돌리다), *sich verzählen*....

zuhören

- 학생들은 선생님의 말씀을 주의 깊게 경청한다.
  ▶ Die Schüler *hören* dem Lehrer aufmerksam *zu*. (=Sie sind interessiert und wollen alles genau hören.)

044

hüten vs. behüten vs. verhüten

hüten

- 그 소년은 암소들을 지킨다.
  ▶ Der Junge *hütet* die Kühe. (=Er bewacht sie auf der Weide.)

- 나는 3일 동안 침대를 지켜야(=침대에 누워 있어야)했다.
  ▶ Ich musste drei Tage *das Bett hüten*. (=Ich musste im Bett bleiben. I.)

sich ~

- 나는 그것을 절대로 하지 않겠다.
  ▶ Ich werde *mich hüten*! (=Das mache ich ganz bestimmt nicht! U.)

sich vor jm./etw. ~

- 나쁜 사람들을 조심해라!
  ▶ *Hüte dich vor* schlechten Menschen! (=Sei vorsichtig! Gehe ihnen aus dem Weg!)

behüten

- 이런! 그런 일은 결코 생겨서는 안돼!
  ▶ Gott *behüte*! (=Um Himmelswillen! Das soll nicht passieren! I.)

- 하느님이 너를 보호해주길!
  ▶ Gott *behüte dich*! (=Gott möge dich schützen.)

verhüten

- 그 운전수는 그의 급한 제동으로 한 사고를 막았다.
  ▶ Der Fahrer hat durch sein schnelles Bremsen einen Unfall *verhütet*. (=Es gab keinen Unfall, weil er schnell gebremst hatte.)

- 그 두 사람이 만나는 일은 피할 수 없었다.
  ▶ Es war nicht zu *verhüten*, dass sich die beiden Herren trafen. (=Man konnte es nicht vermeiden.)

045

irren vs. sich beirren vs. sich verirren

irren

- 그 늙은 남자는 그 거리들 사이로 헤매었다.
  ▶ Der alte Mann *irrte* durch die Straßen. (=Er wusste nicht, wohin er gehen sollte.)

- 여기에서 괴테는 실수를 저지른다.
  ▶ Hier *irrt* Goethe. (=Hier macht er einen Fehler. Hier urteilt er falsch.)

sich ~

- 그 사람은 후버부인이 전혀 아니었다, 내가 착각했다.
  ▶ Das war gar nicht Frau Huber, ich habe *mich geirrt*. (=Ich habe mich getäuscht.)

sich beirren:

- 그 후보는 침착성을 잃지 않았다.
  ▶ Der Kandidat ließ *sich* nicht *beirren*. (=Er ließ sich nicht aus der Ruhe bringen.)

sich verirren

- 우리는 숲에서 길을 잃었다.

▶ Wir haben *uns* im Wald *verirrt*. (=Wir haben uns verlaufen und finden den richtigen Weg nicht mehr.)

**sich verirren*은 '무연 재귀구조'이다. 즉 숙어적 결합으로서 *sich*의 생략이 불가능하고, 의미적으로 독립되어 한 개의 어휘와 같이 사전에 등재된다.

046

jagen vs. abjagen vs. nachjagen vs. verjagen

jagen

- 그 두 남자들은 사냥을 즐겨 한다.
  ▶ Die beiden Herren *jagen* gern. (=Sie gehen gern auf die Jagd.)

- 그 개는 토끼를 쫓는다.
  ▶ Der Hund *jagt* den Hasen. (=Er verfolgt ihn.)

- 사육제에는 한 축제가 다른 축제에 잇달아 온다.
  ▶ Im Fasching *jagt* ein Fest das andere. (Die Feste folgen schnell aufeinander.)

abjagen

- 경찰은 그 도둑들로부터 훔친 물건을 다시 뺏으려 한다.
  ▶ Die Polizei versucht, den Dieben ihre Beute wieder *abzujagen*. (=Sie verfolgt sie und will ihnen abnehmen, was sie gestohlen haben.)

nachjagen

- 그는 칭호와 훈장을 받으려고 모든 짓을 다 한다.
  ▶ Er *jagt* Titel und Orden *nach*.

verjagen

- 우리 개는 그 도둑을 쫓아버렸다.
  ▶ Unser Hund hat den Dieb *verjagt*. (=Er hat ihn vertrieben. Der Dieb flüchtete.)

- 아스피린이 나의 두통을 빨리 제거했다.
  ▶ Aspirin hat meine Kopfschmerzen schnell *verjagt*. (=Es hat sie schnell beseitigt.)

047

kämpfen vs. ankämpfen vs. bekämpfen vs. erkämpfen vs. umkämpfen

kämpfen

- 너는 전력을 다해야 한다.
  ▶ Du musst *kämpfen*! (=Du musst dich anstrengen!)

  | für etw. ~ |

- 우리는 우리 자유를 위하여 투쟁해야 한다.
  ▶ Wir *kämpfen für* unsere Freiheit.

  | gegen etw. ~ |

- 의사는 그 병에 대항하여 싸워 승리하려고 한다.

▶ Der Arzt *kämpft gegen* die Krankheit. (=Er will sie besiegen.)

| mit etw. ~ |

• 그 병든 남자는 죽음에 대항하여 싸운다.
▶ Der Kranke *kämpft mit* dem Tod. (=Er wehrt sich, er will nicht sterben.)

| um etw. ~ |

• 그 스포츠 선수들은 승리를 얻기 위해 전력을 다해 싸워야 한다.
▶ Die Sportler müssen hart *um* den Sieg *kämpfen*. (=Sie müssen sich sehr anstrengen, um den Sieg zu erreichen.)

ankämpfen

| gegen etw. ~ |

• 그는 그 약점에 맞서 싸운다.
▶ Er *kämpft gegen* die Schwäche *an*. (=Er versucht, mit ihr fertig zu werden.)

bekämpfen

• 경찰과 소방서는 홍수에 대항해 전력을 다해서 싸웠다.
▶ Polizei und Feuerwehr haben die Überschwemmung *bekämpft*. (=Sie taten alles dagegen.)

erkämpfen

• 그는 그의 자리를 열심히 싸워 획득했다.
▶ Er hat *sich*³ seine Stellung hart *erkämpft*. (=Er hat sie durch Kampf bekommen. Es war nicht leicht für ihn, sie zu bekommen.)

(sich) erkämpfen: 'etwas durch BV gewinnen'으로 의미풀이가 되며 *sich*는 생략이 가능한 숙어적인 '무연 재귀구조'이다. 여기에 속하는 *er*-동사에는 다음의 예들이 있다: *(sich) erarbeiten, (sich) erheucheln, (sich) erschmeicheln, (sich) ersingen, (sich) ersitzen, (sich) erspielen, (sich) ertanzen, (sich) ertrotzen, (sich) erzwingen.....*

umkämpfen

- 이 요새를 얻기 위해 오랫동안 전투가 벌어졌다.
  ▶ Diese Festung wurde lange *umkämpft*. (=Es gab lange und blutige Schlachten um die Festung.)

kaufen vs. abkaufen vs. aufkaufen vs. einkaufen vs. verkaufen

kaufen

- 누가 그 집을 구입했는가?
  ▶ Wer hat das Haus *gekauft*?

- 그는 TV 한 대를 할부로 구입했다.
  ▶ Er hat *sich* einen Fernsehapparat auf Abzahlung *gekauft*. (=Er zahlt ihn auf Raten.)

*sich³ kaufen*의 *sich³*는 '이익의 3격 Dativus commodi'으로서, '**자신을 위해** TV 한 대를 **할부로**(=auf Abzahlung) 구입했다'라는 의미이다. 그러므로 *Er hat **seiner Frau** ein neues Auto gekauft.*는 '그는 부인을 위해 새 차 한 대를 구입했다.'라는 의미이다.

abkaufen

- 내가 너로부터 그 책을 구입하겠다.
  ▶ Ich *kaufe* dir das Buch *ab*. (=Ich kaufe es von dir.)

- 아무도 그것을 너에게 믿지 않는다.
  ▶ Das *kauft* dir kein Mensch *ab*! (=Das glaubt dir niemand! U.)

aufkaufen

- 그는 그가 손에 넣을 수 있는 모든 주식을 매점했다.
  ▶ Er *kaufte* so viel Aktien *auf*, wie er bekommen konnte. (=Er kaufte alle erreichbaren Aktien.)

einkaufen

- 어머니는 필요한 물건을 구입한다.
  ▶ Die Mutter *kauft ein*. (=Sie kauft, was sie braucht. Man braucht nicht zu sagen, was sie kauft.)

verkaufen

- 그 늙은 농부는 그의 농장을 한 건설회사에 많은 돈을 받고 판다.
  ▶ Der alte Bauer *verkauft* seinen Hof für viel Geld an eine Baugesellschaft.

> sich ~

- 이 외투들은 잘 안 팔린다.
  ▶ Diese Mäntel *verkaufen sich* schlecht.

klagen vs. anklagen vs. beklagen vs. einklagen vs. verklagen

klagen

- 그 늙은 남자는 나에게 그의 궁핍/곤경을 호소했다.
  ▶ Der alte Mann *klagte* mir seine Not.

- 그 농부는 그의 이웃에 대해 소송을 제기한다.
  ▶ Der Bauer *klagt gegen* seinen Nachbarn.

  über etw./jn. ~

- 가정주부들은 높은 물가들에 대해 한탄한다.
  ▶ Die Hausfrauen *klagen über* die hohen Preise. (=Sie sagen, wie unglücklich sie sind, dass alles so teuer geworden ist.)

anklagen

- 그 관리는 사기죄로 고소당했다.
  ▶ Der Beamte wurde des Betrugs *angeklagt*.

beklagen

- 그는 그의 불행을 한탄한다.
  ▶ Er *beklagt* sein Unglück.

  sich über etw. ~

- 그 대학생들은 추위에 대해 불평을 하소연한다.
  ▶ Die Studenten *beklagen sich über* die Kälte. (=Sie sind damit nicht zufrieden und wollten, dass es anders wäre.)

einklagen

- 그 회사는 지불하지 않는다. 우리는 법원에 대금청구소송을 제기해야 한다.
  ▶ Die Firma zahlt nicht. Wir müssen unsere Forderungen bei Gericht *einklagen*.

verklagen

- 그 보행자는 그 운전수를 고소했다.
  ▶ *Der* Fußgänger hat *den* Autofahrer *verklagt*. (=Er hat ihn angezeigt.)

> *여기에서는 정관사가 '어떤 특정의 사람'을 나타내기 때문에 '그'로 번역해주는 것이 합당하다.

050
klären vs. aufklaren vs. aufklären vs. erklären vs. verklären

klären

- 경찰이 그 사건의 전말을 밝혔다.
  ▶ Die Polizei *klärte* den Fall.

aufklaren

- 날씨가 개인다.
  ▶ Es *klart auf*.

> *Der Himmel/Das Wetter/Es klart auf.*는 'die Wolken verschwinden', 즉 '구름이 사라지고, 날씨가 개인다'를 뜻하며, 'klar werden'으로 의미 풀이가 된다. (Langenscheidt, S. 79)

aufklären

jn. über etw. ~

- 그 변호사는 피고에게 그의 권리들에 대해 깨우쳐 주었다.
  ▶ Der Verteidiger *klärte* den Angeklagten *über* seine Rechte *auf*. (=Er sagte ihm, welche Rechte er habe.)

etw. klärt sich auf

- 한 우연한 사건으로 그 일이 드디어 밝혀졌다.
  ▶ Durch einen Zufall *klärte sich* die Sache endlich *auf*. (Langenscheidt, S. 79)

- 하늘/날씨가 개인다.
  ▶ Der Himmel/Das Wetter/Es *klärt sich auf*. (=Das Wetter wird freundlicher und heller.) (Langenscheidt, S. 79)

erklären

- 나에게 이 그림/사진을 설명해주세요!
  ▶ *Erklären* Sie mir dieses Bild!

- 이 국가는 이웃나라에 선전포고했다.
  ▶ Dieser Staat hat dem Nachbarland den Krieg *erklärt*.

sich bereit/einverstanden ~

- 그 운전수는 나를 정거장으로 태워줄 준비가 되어 있다고 말했다.
  ▶ Der Fahrer *erklärte sich bereit*, mich zum Bahnhof zu fahren.

sich für/gegen etw. ~

- 그 국회의원은 그 법률에 찬성/반대했다.

▶ Der Abgeordnete *erklärte sich für/gegen* das Gesetz.

verklären

- 기쁨이 그의 얼굴을 환하게/기쁜 표정으로 만들었다.

  ▶ Freude *verklärte* sein Gesicht.

kochen

kochen

- 물은 100℃에 끓는다.

  ▶ Wasser *kocht* bei 100℃.

- 주의해, 사장이 화가 났어!

  ▶ Vorsicht, der Chef *kocht*! (=Er ist sehr zornig. U.)

- 어머니가 고기를 익힌다.

  ▶ Die Mutter *kocht* das Fleisch.

- 대학구내식당에는 수천 명의 대학생들을 위해 요리된다.

  ▶ In der Mensa wird für Tausende von Studenten *gekocht*.

kosten vs auskosten

kosten

- 그 구두들은 50유로 들었다.
  ▶ Die Schuhe haben 50 Euro *gekostet*.

- 한 집의 건축은 많이 짜증나게 하고 신경 쓰이게 한다.
  ▶ Der Bau eines Hauses *kostet* viel Ärger und Nerven. (=Man muss sich viel ärgern und wird nervös.)

- 그것은 그의 일자리를 잃게 할 것이다!
  ▶ Das *kostet* ihn seine Stellung!

- 그 소스를 맛보아라!
  ▶ *Koste* die Soße! (Probiere, wie es schmeckt!)

auskosten

- 나는 휴가 중에 게으름피우기를 철저하게 만끽했다.
  ▶ Ich habe das Faulsein im Urlaub gründlich *ausgekostet*. (=Ich habe es gründlich genossen.)

kriegen (nur U.)

kriegen (nur U.)

- 나는 아직 너에게서 돈을 받는다.
  ▶ Ich *kriege* noch Geld von dir. (=Ich bekomme noch Geld. U.)

- 그는 불안해진다.
  ▶ Er *kriegt es mit der Angst*. (=Er bekommt Angst. U.)

kümmern vs. bekümmern vs. verkümmern

kümmern

- 이 경우에 대해서는 나는 전혀 흥미가 없다.
  > Dieser Fall *kümmert* mich nicht. (=Er interessiert mich nicht, er geht mich nichts an.)

sich um jn./etw. ~

- 너는 표들을 구입해라, 짐은 내가 챙기겠다.
  > Besorge du die Fahrkarten, ich *kümmere mich um* das Gepäck. (=Ich sorge dafür.)

- 아들은 그의 노모를 돌보지 않았다.
  > Der Sohn hat *sich* nicht *um* seine alte Mutter *gekümmert*. (=Er hat nicht für sie gesorgt. Sie war ihm gleichgültig.)

bekümmern

- 무엇이 너를 걱정시키느냐?
  > Was *bekümmert* dich?

verkümmern

- 공기와 빛이 없이는 그 식물들은 시들어 죽는다.
  > Ohne Luft und Licht *verkümmern* die Pflanzen. (=Sie gehen ein. Sie wachsen nicht weiter.)

leben vs. aufleben vs. ausleben vs. beleben vs. einleben vs. erleben vs. miterleben vs. überleben vs. verleben

leben

- 그 노파는 아직 살아 있다.
  ▶ Die alte Frau *lebt* noch. (=Sie ist noch nicht gestorben.)

- 그는 뮌헨에 거주하고 있다.
  ▶ Er *lebt in München.* (=Er wohnt dort.)

  *leben*이 'wohnen'의 의미로 사용될 때에는 *in München*과 같은 '거주하는 장소'를 나타내는 '부사적 보충어'가 필수적으로 와야 한다.

- 그는 처세술에 능통하다.
  ▶ Der *weiß zu leben.* (=Er ist ein Lebenskünstler. I.)

  von etw. ~

- 아들은 그의 아버지의 수입에 의해 산다.
  ▶ Der Sohn *lebt vom* Geld seines Vaters.

- 그는 공기와 사랑에 의해 산다.
  ▶ Er *lebt von* Luft und Liebe. (=Er hat keine materiellen Bedürfnisse. I.)

aufleben

- 그 새 산업으로 인해 그 도시는 활기를 되찾았다.
  ▶ Durch die neue Industrie *ist* die Stadt *aufgelebt.* (=Sie bekommt neues Leben.)

> *'활기를 되찾다'는 '상태의 변화'이므로 현재완료형을 *sein*과 결합하여 만들었다.

ausleben

sich ~

- 그 젊은이는 그의 인생을 철저하게 향유했다.
  ▶ Der junge Mann hat *sich* gründlich *ausgelebt*. (=Er hat sein Leben sehr genossen und sehr frei gelebt.)

beleben

- 커피는 생기 있게 해준다.
  ▶ Kaffee *belebt*. (=Er macht munter. Er vertreibt die Müdigkeit.)

- 그 흰 칼라는 그 어두운 옷을 정답게 만들어준다.
  ▶ Der weiße Kragen *belebt* das dunkle Kleid. (=Er macht es freundlicher.)

sich beleben

- 그 해변은 점점 더 사람들로 붐빈다.
  ▶ Der Strand *belebt sich*.

einleben

sich einleben

- 내 친구는 함부르크에서 고향에 있는 것처럼 느끼게 되었다.
  ▶ Mein Bruder hat *sich* gut in Hamburg *eingelebt*. (=Er fühlt sich dort zu Hause.)

erleben

- 당신은 당신의 여행에서 무엇을 경험했습니까?
  - Was haben Sie auf Ihrer Reise *erlebt*? (=Was haben Sie Neues gesehen?)

- 그는 벌을 받을 것이다.
  - Der kann was *erleben*! (=Der wird seine Strafe bekommen! U.)

miterleben

- 나의 할머니는 차가 처음으로 그녀가 사는 도시로 들어오는 것을 현장에서 직접 경험했다.
  - Meine Großmutter hat *miterlebt*, wie das erste Auto in ihre Stadt kam. (=Sie ist dabei gewesen.)

überleben

- 단지 몇 사람만 그 비행기사고에서 살아남았다.
  - Nur wenige haben das Flugzeugunglück *überlebt*.

verleben

- 나는 나의 청년기를 시골에서 보냈다.
  - Ich habe meine Jugend auf dem Land *verlebt*. (=Ich verbrachte meine Jugend dort.)

lehren vs. belehren

lehren

- 마이어교수는 마르부르그 대학에서 역사를 가르친다.
  ▶ Prof. Meier *lehrt* Geschichte an der Universität Marburg.

- 어머니는 아이에게 셈하기를 가르친다.
  ▶ Die Mutter *lehrt* das Kind Zählen. (=Sie bringt es ihm bei.)

- 그 독일어선생님은 그 애들에게 정서법과 문법을 가르친다.
  ▶ Der Deutschlehrer *lehrt* die Kinder Rechtschreibung und die Grammatik. (Langenscheidt, S. 606)

*lehren은 두 개의 '4격 보충어'를 요구한다. 즉 '가르침을 받는 사람과 '가르치는 대상과목'. 그에 반해 *unterrichten*은 *jn. in etw.³ unterrichten* 이다. *Sie unterichtet die 11. Klasse in Englisch.* (Langenscheidt, S. 1024)

- 경험이 그 애에게 조심할 것을 가르친다.
  ▶ Die Erfahrung *lehrt* das Kind Vorsicht.

belehren

- 그 은행관리는 나에게 이태리로 돈을 송금하는 가능성들에 대해 가르쳐준다.
  ▶ Der Bankbeamte *belehrt* mich über die Möglichkeiten, Geld nach Italien zu schicken.

057

lernen vs. auslernen vs. erlernen vs. kennenlernen vs. verlernen

lernen

- 그 단어들을 배우세요!
  - ▶ *Lernen* Sie die Wörter!

- 경험들에서 인간은 (많은 것을) 배운다.
  - ▶ Aus Erfahrungen *lernt* der Mensch.

auslernen

- 그 견습생은 수업기를 끝내었다.
  - ▶ Der Lehrling hat *ausgelernt*. (=Seine Lehrzeit ist zu Ende. Jetzt ist er Geselle.)

- 인생수업에는 끝이 없다.
  - ▶ Man *lernt* im *Leben* nie *aus!* (=Man erlebt immer wieder etwas Neues. I.)

erlernen

- 그 소년은 금속공 일을 습득한다.
  - ▶ Der Junge *erlernt* das Schlosserhandwerk. (=Er ist Lehrling. Er lernt diesen Beruf.)

- 사람은 한 언어를 일 년 만에 정말 잘 구사하기란 어렵다.
  - ▶ Man kann eine Sprache in einem Jahr nicht wirklich *erlernen*. (=Man beherrscht sie danach noch nicht vollkommen.)

kennenlernen

- 나는 뮬러 씨를 삼 년 전에 알게 되었다.
  - ▶ Ich habe Herrn Müller vor drei Jahren kennengelernt. (=Da traf ich ihn zum erstenmal. Seitdem kennen wir uns.)

verlernen

- 나는 한 때 테니스를 잘 칠 수 있었다, 그러나 나는 오래 테니스를 하지 않아서 그것을 완전히 잊어버렸다.
  - ▶ Ich konnte einmal gut Tennis spielen, aber ich habe es ganz *verlernt*, weil ich lange nicht mehr gespielt habe. (=Ich kann es nicht mehr.)

058

leugnen vs. ableugnen vs. verleugnen

leugnen

- 그는 그 차를 훔친 것을 부인했다.
  - ▶ Er *leugnete*, das Auto gestohlen *zu* haben. (=Er sagte, er habe es nicht gestohlen.)
- 그는 자신이 은행 강도에 가담했다는 사실을 부인했다.
  - ▶ Er *leugnete*, *dass* er an dem Banküberfall beteiligt war. (Langenscheidt, S. 613)

ableugnen

- 그는 아무 죄도 없다고 말했다.
  - ▶ Er *leugnete* jede Schuld *ab*. (=Er sagte, er habe keine Schuld.)

verleugnen

- 그 귀부인은 그녀의 불쌍한 여자 친구를 모른다고 말했다/그녀의 불쌍한 여자 친구와 아무 관계가 없다고 말했다.

▶ Die vornehme Dame *verleugnete* ihre arme Freundin. (=Die Dame sagte, sie kenne sie nicht. Sie wollte nichts mit ihr zu tun haben.)

- 사장은 그의 여비서를 통해 그가 없다고 말하게 했다.
    ▶ Der Chef *ließ sich* durch seine Sekretärin *verleugnen*. (=Die Sekretärin musste sagen, er sei nicht da.)

059
leuchten vs. aufleuchten vs. anleuchten vs. beleuchten vs. einleuchten vs. erleuchten

leuchten

- 별들이 빛난다.
    ▶ Die Sterne *leuchten*.

- 아버지가 회중전등으로 나에게 길을 밝혀 준다.
    ▶ Der Vater *leuchtet* mir mit der Taschenlampe.

- 행복으로 그 신부의 두 눈은 반짝였다.
    ▶ Das Glück *leuchtete* der Braut aus den Augen. (=Ihre Augen strahlten.)

aufleuchten

- 번개불이 번쩍 밝게 비친다.
    ▶ Die Blitze *leuchten auf*. (=Sie flammen auf. Es wird sehr kurz hell.)

- 그녀가 나를 보았을 때, 그녀의 두 눈에서 기쁨이 빛났다.
    ▶ Ihre Augen *leuchteten auf*, als sie mich sah. (=Freude strahlte aus ihren Augen.)

anleuchten

- 그 경찰관은 그 보행자에게 회중전등을 비추었다.
  ▶ Der Polizist *leuchtete* den Fußgänger *an*. (=Er richtete die Taschenlampe auf ihn.)

beleuchten

- 무대는 탐조등/헤드라이트에 의해 조명되고 있다.
  ▶ Die Bühne wird von Scheinwerfern *beleuchtet*. (=Die Scheinwerfer machen die Bühne hell.)

einleuchten

- 나는 그것이 이해가 된다.
  ▶ Das *leuchtet* mir *ein*. (=Das ist eine Erklärung, die ich verstehe.)

erleuchten

- 그 등잔/등불이 방 전체를 밝게 한다.
  ▶ Die Lampe *erleuchtet* das Zimmer. (=Sie macht das ganze Zimmer hell, - aber die Lampe *beleuchtet* das Buch. =Sie leuchtet auf das Buch.)

- 하느님이 그 예언자에게 영감을 주었다.
  ▶ Gott hat den Geist des Propheten *erleuchtet*. (=Er hat ihn inspiriert.)

liefern vs. abliefern vs. ausliefern vs. beliefern vs. einliefern vs. überliefern

liefern

- 그 상품들을 집안까지 배달해주세요!
  > *Liefern* Sie mir bitte die Waren ins Haus! (=Schicken Sie sie mir.)

abliefern

- 상인은 주문받은 물건을 고객에게 배달해준다.
  > Der Kaufmann *liefert* die bestellte Ware *ab*. (=Er bringt sie dem Kunden.)
- 기자는 그의 기사를 제작진에게 넘겨준다.
  > Der Reporter *liefert* seinen Artikel in der Redaktion *ab*. (=Er gibt den Artikel ab, auf den man wartet.)

ausliefern

- 정치적 범죄 때문에 추적당하는 사람들은 인도되지 않는다.
  > Menschen, die wegen politischer Vergehen gesucht werden, werden nicht *ausgeliefert*. (=Man übergibt sie nicht der Polizei ihres Heimatlandes. Sie bekommen Asyl.)
- 신문들은 신문구입자들에게 배달된다.
  > Die Zeitungen werden an die Zeitungskäufer *ausgeliefert*.

beliefern

- 이 섬유회사는 무엇보다 상점들에게 물건을 공급해준다.
  > Diese Textilfirma *beliefert* vor allem Warenhäuser.

einliefern

- 그 중상자는 병원으로 입원되어져야 했다.

▶ Der Schwerverletzte musste ins Krankenhaus *eingeliefert* werden. (=Man brachte ihn ins Krankenhaus.)

überliefern

- 그 동화들은 오랜 시간 구두로 전승되었다.
  ▶ Die Märchen sind lange Zeit mündlich *überliefert* worden. (=Sie wurden mündlich weitergegeben, mündlich berichtet.)

lieben vs. belieben vs. verlieben

lieben

- 나는 나의 부모님을 사랑한다.
  ▶ Ich *liebe* meine Eltern.

- 한스는 음악을 사랑한다.
  ▶ Hans *liebt* Musik. (=Er hört sie gern.)

- 나는 기다려야하는 것을 좋아하지 않는다.
  ▶ Ich *liebe* es nicht, warten zu müssen. (Ärgerlich: Ich warte gar nicht gern)

belieben

- 당신 좋을 대로 하십시오!
  ▶ Ganz wie *es Ihnen beliebt*. (=Ganz wie Sie wünschen.)

beliebt sein

• 모두는 이 여배우를 좋아한다.
▶ Diese Schauspielerin ist *beliebt*. (=Alle mögen sie.)

verlieben

sich in jn./etw. ~

• 그 젊은 남자는 그 예쁜 소녀에게 반했다.
▶ Der junge Mann hat *sich in* das hübsche Mädchen *verliebt*.

• 나는 이 스포츠카에 반했다.
▶ Ich habe *mich in* diesen Sportwagen *verliebt*. (=Ich bin von ihm begeistert, ich möchte ihn haben.)

062
loben vs. verloben

loben

• 그 손님들은 그 음식을 칭찬한다.
▶ Die Gäste *loben* das Essen.

verloben

sich mit jm. ~

• 잉게는 한 젊은 의사와 약혼했다.
▶ Inge hat *sich mit* einem jungen Arzt *verlobt*.

locken vs. anlocken vs. entlocken vs. verlocken

locken

- 그 산지기는 새들을 자신에게 유인하기 위해 휘파람을 분다.
  ▶ Der Förster pfeift, um die Vögel zu sich zu *locken*.

- 좋은 날씨가 사람들을 야외로 유인한다.
  ▶ Das schöne Wetter *lockt* die Menschen ins Freie.

- 이 제안에서는 높은 월급이 나를 유혹한다.
  ▶ Bei diesem Angebot *lockt* mich das hohe Gehalt.

- 이 나라로 한 번 드라이브하고 싶은 유혹을 느낀다.
  ▶ *Es lockt mich*, einmal in dieses Land *zu* fahren. (=Ich habe große Lust dazu.)

anlocken

- 그 유리한 방값이 많은 집구하는 사람들을 유혹했다.
  ▶ Das günstige Zimmerangebot *lockte* viele Wohnungssuchende *an*.

entlocken

- 나는 그가 그의 비밀을 털어놓게 유인할 수 없었다.
  ▶ Ich konnte ihm sein Geheimnis nicht *entlocken*. (=Ich konnte ihn nicht dazu bringen, es mir zu erzählen.)

verlocken

- 그 좋은 날씨가 내가 바다로 드라이브하도록 유혹했다.
  ▶ Das schöne Wetter hat mich dazu *verlockt*, an die See *zu* fahren. (=Das Wetter verführte mich *dazu*.)

064

lohnen vs. belohnen vs. entlohnen

lohnen

- 그는 나에게 나의 도움을 보답하지 않았다.
  ▶ Er *lohnte* mir meine Hilfe nicht.

- 그 영화를 한 번 봐, 그럴 가치가 있어!
  ▶ Sieh dir den Film an, es *lohnt sich*! (=Es ist einen Besuch wert.)

- 그 힘든 일은 할 가치가 있었다.
  ▶ Die schwere Arbeit hat *sich gelohnt*. (=Sie macht sich bezahlt.)

belohnen

- 그 사장은 자신의 지갑을 발견한 남자에게 100유로를 보상했다.
  ▶ Der Direktor *belohnte* den Mann, der seine Brieftasche gefunden hatte, mit 100 Euro. (=Er gab ihm das Geld zum Dank.)

entlohnen

- 그 건축회사는 매주 금요일에 노동자들의 노임을 준다.

▶ Die Baufirma *entlohnt* die Arbeiter jeden Freitag. (=Sie bekommen am Freitag ihren Lohn.)

065

melden vs. abmelden vs. anmelden

melden

- 당신은 그 절도사건을 경찰에 신고해야 합니다.
  ▶ Sie müssen den Diebstahl bei der Polizei *melden*.

- 일기예보는 눈이 여러 번 올 것이라고 예보한다.
  ▶ Der Wetterbericht *meldet* Schneefälle. (=Laut Wetterbericht wird es schneien.)

sich ~

- 전화는 울리는데, 아무도 받지 않는다.
  ▶ Das Telefon klingelt, aber niemand *meldet sich*.

abmelden

- 독일에서는 이사하려면, 경찰에 퇴거신고를 해야 한다.
  ▶ In Deutschland muss man *sich* bei der Polizei *abmelden*, wenn man umzieht.

anmelden

- 로베르트는 월요일에 진료 받을 수 있도록 치과의사에게 접수시켜 놓았다.

▶ Robert hat *sich* für Montag beim Zahnarzt *angemeldet*. (=Er hat sich einen Termin geben lassen.)

merken vs. anmerken vs. bemerken

merken

- 그는 그 병을 전혀 깨닫지 못했다.
  ▶ Er hat nichts von der Krankheit *gemerkt*. (=Er spürte keine Schmerzen. Er wusste nicht, dass er krank war.)

  sich³ etw. ~

- 나는 내 전화번호를 기억할 수 없다.
  ▶ Ich kann *mir meine Telefonnummer* nicht *merken*.

 *sich³ etw. merken*은 '무엇을 기억하다'라는 의미이다.

anmerken

- 그 약속된 날짜를 당신의 달력에 표시해두세요!
  ▶ *Merken* Sie den Termin in Ihrem Kalender *an*. (=Streichen Sie ihn an! Machen Sie ein Zeichen!)

- 사람들은 그가 피곤함을 눈치 채었다.
  ▶ Man *merkte* ihm seine Müdigkeit *an*. (=Er hat nichts gesagt, aber man spürte, wie müde er war.)

bemerken

- 나는 그를 알아보지 못했다. 그도 그 곳에 있었느냐?
  ▶ Ich habe ihn nicht *bemerkt*. War er auch da? (=Ich sah ihn nicht.)

- 그는 그 대화에 대해 아직 할 말이 좀 있었다.
  ▶ Er hatte zu dem Gespräch noch einiges zu *bemerken*. (=Er hatte noch etwas dazu zu sagen.)

067
mühen vs. abmühen vs. bemühen

mühen

sich ~

- 그 가난한 여인은 밤낮으로 열심히 일했다.
  ▶ Die arme Frau *mühte sich* Tag und Nacht. (=Sie arbeitete unermüdlich.)

abmühen

sich ~

- 그 애는 그 작문을 힘들여 했다.
  ▶ Das Kind *mühte sich* mit dem Aufsatz *ab*. (=Er strengte sich sehr an. Die Aufgabe war sehr schwer.)

bemühen

- 나는 너를 힘들게 하고 싶지 않다.
  ▶ Ich möchte Sie nicht *bemühen*. (=Ich möchte Ihnen keine Arbeit,

keine Umstände machen.)

> sich um etw./jn. ~

- 그는 그 어린 소녀를 돌보았다.
  ▶ Er *bemühte sich um* das junge Mädchen. (=Er war sehr freundlich und aufmerksam.)

- 나는 실수를 하지 않으려고 아주 노력한다.
  ▶ Ich *bemühe mich* sehr (*darum*), keine Fehler zu machen. (=Ich gebe mir Mühe. Ich versuche es sehr.)

  *(*darum*)*은 '생략이 가능한 상관사(相關辭) fakultatives Korrelat'이다.

068

nützen/nutzen vs. benutzen/benützen vs. abnützen vs. ausnützen

nützen/nutzen

- 그 대학생은 시간을 이용한다.
  ▶ Der Student *nützt* seine Zeit.

 *nützen/nutzen*은 4격 보충어 자리에 '추상명사 Absrakta'를 요구하는 반면에 *benutzen/benützen*은 '구상명사 Konkreta'를 요구한다.

benutzen/benützen

- 사람들은 자르는 데는 칼을 사용한다.
  ▶ Man *benutzt* das Messer *zum* Schneiden.

- 그 여사원은 점심시간을 미장원에 가는 데 이용했다.
  ▶ Die Angestellte hat die Mittagspause *dazu benutzt*, zum Friseur *zu* gehen.

abnützen(abnutzen)

- 애들은 그들의 신발들을 빨리 닳게 한다.
  ▶ Die Kinder *nützen* ihre Schuhe schnell *ab*. (=Sie machen sie schnell kaputt.)

- 이 나쁜 도로들 위에서는 타이어들이 빨리 닳는다.
  ▶ Auf diesen schlechten Straßen *nützen sich* die Reifen schnell *ab*. (=Sie werden schnell verbraucht.)

sich abnützen(=닳다)은 *sich öffnen*(=열리다)처럼 *sich*가 와서, 타동사가 자동사처럼 쓰인 경우로서 '수동적 의미의 재귀구조'이다.

ausnützen

- 너의 휴가를 의미 있게 이용하라!
  ▶ *Nütze* deinen Urlaub gut *aus*!

*ausnützen*의 *aus*는 '완료'의 의미, 즉 'bis zu Ende'로 '의미 풀이 Paraphrase'될 수 있다.

069

öffnen vs. eröffnen

öffnen

- 그 가게들은 9시 정각에 문을 연다.

▶ Die Geschäfte *öffnen* um neun.

- 그 문을 열어라!

  ▶ *Öffne* die Tür!

- 그 문이 열렸다.

  ▶ Die Tür *öffnete sich*.

 *sich öffnen*은 '수동적 의미의 재귀구조'이다.

- 내 친구는 페터가 실제로 어떠한지 나에게 보여주었다.

  ▶ Mein Freund hat mir *die Augen über* Peter *geöffnet*. (=Er hat mir gezeigt, wie Peter wirklich ist. I.)

eröffnen

- 그 가게는 일 년 전에 개점되었다.

  ▶ Das Geschäft wurde vor einem Jahr *eröffnet*.

- 나는 저축은행에 계좌를 한 개 열었다.

  ▶ Ich habe ein Konto bei der Sparkasse *eröffnet*.

- 그 딸은 그녀의 부모에게 자신이 결혼하고자 한다고 알렸다.

  ▶ Die Tochter *eröffnete* ihren Eltern, dass sie heiraten wolle. (=Sie teilte es ihnen mit, und sie waren sehr überrascht.)

passen vs. aufpassen vs. verpassen vs. zusammenfassen

passen

- 그것에서 나는 빠져야 한다.
  - ▶ Da muss ich *passen*. (=Da kann ich nicht mitspielen, nicht mitmachen. U.)

- 내 형/동생의 모자는 나에게 맞지 않는다.
  - ▶ Der Hut meines Bruders *passt mir* nicht. (=Er hat nicht die richtige Weite, er ist zu weit oder zu eng, er sitzt nicht, er kleidet mich nicht.)

- 내가 화요일에 오면 당신 사정에 맞느냐?
  - ▶ *Passt es Ihnen, wenn* ich am Dienstag komme? (=Ist Ihnen dieser Termin recht?)

- 당신이 항상 지각하는 것이 마음에 들지 않는다.
  - ▶ *Es passt mir nicht, dass* Sie ständig zu spät kommen. (=Es gefällt mir gar nicht.)

- 페터가 이 자리에 적임자이다.
  - ▶ Peter *passt auf* diesen Posten. (=Er ist dafür geeignet.)

```
zu etw. ~
```

- 생선에는 백포도주가 최고로 잘 어울린다.
  - ▶ *Zu* Fisch *passt* Weißwein am besten. (=Beides harmonisiert. Weißwein schmeckt gut dazu.)

- 그것은 그에게 잘 어울린다.
  - ▶ Das *passt* zu ihm! (=Typisch für ihn! Das habe ich erwartet! U)

aufpassen

- 주의!
  ▶ *Passen Sie auf!* (=Achtung! Vorsicht!)

`auf jn./etw. ~`

- 그 소녀는 그 애들을 잘 돌보았다.
  ▶ Das Mädchen hat gut *auf* die Kinder *aufgepasst*. (=Sie ist bei den Kindern und achtet darauf, dass ihnen nichts passiert.)

verpassen

- 그 남자 여행자는 그 기차를 놓쳤다.
  ▶ Der Reisende hat den Zug *verpasst*. (=Er hat ihn nicht mehr erreicht.)

- 나는 유감스럽게도 그 날짜를 지키지 못했다.
  ▶ Leider habe ich den Termin *verpasst*. (=Ich habe ihn versäumt, nicht eingehalten.)

zusammenpassen

- 이 색들은 서로 어울리지 않는다.
  ▶ Diese Farben *passen* nicht *zusammen*. (=Sie harmonisieren nicht.)

passieren

passieren

- 그 기차는 국경선을 통과했다.

▶ Der Zug hat die Grenze *passiert*. (=Er ist über die Grenze gefahren.)

- 그 경찰관은 나를 통과시켜주지 않았다.

  ▶ Der Schutzmann ließ mich nicht *passieren*. (=Er ließ mich nicht vorbeigehen.)

- 무슨 (나쁜) 일이 생겼는가?

  ▶ Was ist *passiert*? (=Was ist (Schlimmes) geschehen?)

- 나에게는 어떤 나쁜 일도 생기지 않을 것이다.

  ▶ Mir kann nichts *passieren*. (=Mir kann nichts (Böses) geschehen. Ich habe sicher Glück.)

- 네가 너의 열쇠를 잃어버린다면, 그것은 어떤 결과를 가져오니?

  ▶ Was *passiert*, wenn du deinen Schlüssel verlierst? (Welche Folgen hat das?)

072

pflegen vs. verpflegen

- 간호사가 그 남자 환자를 간호한다.

  ▶ Die Krankenschwester *pflegt* den Kranken. (=Sie sorgt für ihn.)

- 그 숙녀가 그녀의 머리를 손질한다.

  ▶ Die Dame *pflegt* ihr Haar. (=Sie tut alles, damit es schön bleibt.)

pflegen zu

- 그는 매일 저녁 산보를 하곤 한다.

  ▶ Er *pflegt* jeden Abend einen Spaziergang *zu* machen. (=Er tut das immer. Nur Präsens und Präteritum.)

verpflegen

- 회사의 구내식당에서는 매일 300명의 노동자들이 음식을 공급 받는다/부양된다.
  ▶ In der Kantine werden täglich dreihundert Arbeiter *verpflegt*. (=Sie bekommen dort ihr Essen.)

073

prägen vs. ausprägen vs. einprägen

prägen

- 그 국가가 동전들을 주조한다.
  ▶ Der Staat *prägt* die Münzen. (=Er stellt Geldstücke her.)

- 풍경이 인간들의 성격을 형성한다.
  ▶ Die Landschaft *prägt* den Charakter der Menschen. (=Die Landschaft beeinflusst/formt die Menschen.)

ausprägen

- 노년에는 사람들의 특성들이 더 두드러지게 드러난다.

  sich ~

  ▶ Im Alter *prägen sich* die Eigenschaften der Menschen stärker *aus*. (=Sie werden deutlicher.)

einprägen

- 부모는 그 애에게 낯선 사람들과 함께 가지 말라고 명심시켰다.
  ▶ Die Eltern haben dem Kind *eingeprägt*, mit Fremden nicht mitzugehen. (=Sie haben es ihm deutlich gesagt. Das Kind soll es nicht vergessen.)

- 이 규칙을 잘 기억해두세요!
  ▶ *Prägen* Sie *sich* diese Regel *ein*! =(Merken Sie sich die Regel gut!)

**sich³ etw. einprägen*은 '무엇을 정확하게 기억하다'라는 의미이고, *sich³ etw. merken*도 '무엇을 기억하다'라는 의미이다. 즉 '기억하다'라는 의미에서는 *sich³*가 오는 공통성을 발견할 수 있다.

074
probieren vs. anprobieren vs. ausprobieren

probieren

- 그 포도주를 한 번 맛보세요!
  ▶ *Probieren* Sie mal den Wein! (=Kosten Sie ihn! Versuchen Sie, ob er Ihnen schmeckt.)

- 너희들은 그것이 가능한지 시도해보았느냐?
  ▶ Habt ihr *probiert*, ob es geht?

- 백문이 불여일견(속담)
  ▶ *Probieren geht über Studieren*. (모델, 1621쪽)

anprobieren

- 나는 그 신발들을 구입하기 전에 맞는지 신어본다.
  - ▶ Ich *probiere* die Schuhe *an*, bevor ich sie kaufe. (=Ich ziehe sie an, um zu sehen, ob sie mir gefallen und passen.)

 *"*ein rotes Kleid anhaben*은 '빨간 옷을 입고 있다'이고, *anhaben*은 '옷을 입고 있다/신발을 신고 있다'를 뜻한다."(모델, 97쪽): 접두어 *an*은 그러므로 '옷/신발을 몸에 걸치고 있는 상태'를 나타낸다. 그 반대말은 *aus*이다. "*die Schuhe aushaben* '신발을 벗고 있다'"(모델, 201쪽)

ausprobieren

- 그는 나로 하여금 그의 사진기로 시험촬영을 해보도록 허용했다.
  - ▶ Er ließ mich seinen Photoapparat *ausprobieren*. (Ich durfte eine Probe damit machen.)

- 너는 그 처방전을 이미 직접 시험해보았느냐?
  - ▶ Hast du das Rezept schon *ausprobiert*? (=Hast du damit Erfahrung?)

075
rächen

rächen

- 햄릿은 그의 아버지의 복수를 하려고 했다.
  - ▶ Hamlet wollte seinen Vater *rächen*. (=Er wollte die Mörder seines Vaters bestrafen.)

sich rächen

- 게으름은 보복 당한다/대가를 치른다/벌을 받는다. (=나쁜 결과를 초래한다/벌을 받는다.)
  ▶ Faulheit *rächt sich*. (=Sie hat schlimme Folgen. Sie wird bestraft.)

sich an jm. für etw. ~

- 그 남자 종업원은 부당한 대우에 대해 사장에게 복수하려고 했다.
  ▶ Der Angestellte wollte *sich an* dem Chef *für* die ungerechte Behandlung *rächen*. (=Er wollte dem Chef schaden, weil dieser ihn ungerecht behandelt hatte.)

076

ragen vs. hervorragen vs. emporragen vs. überragen

ragen

- 그 곳에 한 고층건물이 빽빽하게 들어선 집들 가운데에서 우뚝 솟아나 있다.
  ▶ Dort *ragt* ein Hochhaus aus dem Häusermeer. (=Es ist höher als die anderen Häuser.)

hervorragen (herausragen)

- 이 남자는 그의 동료들 중에서 월등히 우수하다/뛰어나다.
  ▶ Dieser Mann *ragt* unter seinen Kollegen *hervor*.

emporragen

- 쭈크 스피체(바이에른 주의 독일에서 제일 높은 산, 2962m)는 가파르

게 솟아 있다.
> Steil *ragt* die Zugspitze *empor*. (Sie erhebt sich steil.)

überragen

• 페터는 내보다 10 센티미터 키가 더 크다.
> Peter *überragt* mich um zehn Zentimeter. (=Er ist größer.)

• 이 사건은 중요성에 있어서 모든 다른 것을 능가한다.
> Dieses Ereignis *überragt* an Bedeutung alles andere. (=Es ist das bedeutendste Ereignis.)

rauben vs. berauben vs. ausrauben

rauben

• 범인은 그 여인으로부터 핸드백을 빼앗았다.
> Der Verbrecher *raubte* der Frau die Handtasche. (=Er nahm sie ihr mit Gewalt weg.)

• 이 일은 나에게서 나의 모든 자유 시간을 빼앗아 갔다.
> Diese Arbeit hat mir jede freie Minute *geraubt*. (=Sie hat mir meine ganze Freizeit genommen.)

berauben

• 침입자는 그 은행을 털었다.
> Der Einbrecher *beraubte* die Bank. (=Er stahl Geld aus einer Bank.)

- 죽음이 그에게서 그의 가장 좋은 친구를 빼앗아 갔다.
  - ▶ Der Tod *beraubte* ihn seines besten Freundes. (=Er verlor seinen besten Freund durch den Tod. Lit.)

ausrauben

- 한 산책하던 남자는 숲에서 한 낯선 사람에 의해 모든 소지품을 몽땅 다 빼앗겼다.
  - ▶ Ein Spaziergänger wurde im Wald von einem Unbekannten *ausgeraubt*. (=Man stahl ihm alles.)

078

räumen vs. abräumen vs. aufräumen vs. ausräumen vs. einräumen

räumen

- 만약 당신이 집세를 지불하지 않는다면, 당신은 그 집을 비워주어야 합니다.
  - ▶ Wenn Sie keine Miete bezahlen, müssen Sie die Wohnung *räumen*. (=Sie müssen ausziehen, die Wohnung frei machen.)

- 눈이 왔다. 그 거리는 눈이 치워져야 한다.
  - ▶ *Es hat geschneit*. Die Straße muss *geräumt* werden. (=Sie muss frei gemacht werden. Der Schnee muss beseitigt werden.)

     *Es schneit./Es regnet.* 등의 날씨를 나타낼 때 주어자리에 오는 *Es*는 '문법적 주어'로서 생략될 수 없다.

- 내 삼촌은 나의 모든 어려움들을 제거해주었다.

▶ Mein Onkel hat mir alle Schwierigkeiten *aus dem Weg geräumt*. (=Er hat sie beseitigt. I.)

 *aus dem Weg räumen*은 '제거하다'를 뜻하는 숙어이다.

abräumen

• 식탁위의 그 접시들을 치우세요!
  ▶ *Räumen* Sie die Teller auf dem Tisch *ab*! (모델, 22쪽)

• 식사 후에 식탁을 치우세요!
  ▶ *Räumen* Sie den Tisch *ab*! (=Bringen Sie nach dem Essen alles auf dem Tisch wieder in die Küche!)

aufräumen

• 그 가정주부는 그 방을 정돈한다.
  ▶ Die Hausfrau *räumt* das Zimmer *auf*. (=Sie macht Ordnung.)

mit etw. ~

• 프랑스혁명이 귀족의 옛날 권리들을 없애버렸다.
  ▶ Die französische Revolution hat *mit* den alten Rechten des Adels *aufgeräumt*. (=Sie hat diese Rechte beseitigt.)

ausräumen

• 노동자들은 그 지하실을 텅 비게 했다.
  ▶ Die Arbeiter *räumten* den Keller *aus*. (=Sie machten ihn leer.)

• 모든 오해들은 해명되고 제거될 수 있었다.
  ▶ Alle Mißverständnisse konnten *ausgeräumt* werden. (=Man konnte

sie aufklären und damit beseitigen.)

einräumen

- 나는 내 책들을 책장 안에 넣는다.
  ▶ Ich *räume* meine Bücher *ein*. (=Ich stelle sie in den Bücherschrank.)

- 나는 내가 영리하지 않게 행동했음을 인정한다.
  ▶ Ich *räume ein*, dass ich nicht klug gehandelt habe. (=Ich gebe es zu.)

- 그 법률은 모든 사람에게 교육을 받을 권리를 인정해준다.
  ▶ Das Gesetz *räumt* jedem das Recht *auf* eine Ausbildung *ein*. (Das Gesetz gibt jedem das Recht.)

> *das Recht는 전치사 *auf*와 4격 명사를 요구하는 '명사 결합가'를 갖고 있다.

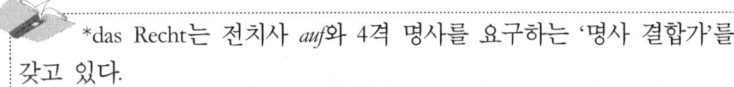

rechnen vs. abrechnen vs. anrechnen vs. aufrechnen vs. ausrechnen vs. berechnen vs. einrechnen vs. errechnen vs. nachrechnen vs. umrechnen vs. verrechnen vs. vorrechnen vs. zusammenrechnen

rechnen

- 그 애들은 산수 과제를 풀고 있다.
  ▶ Die Kinder *rechnen*. (=Sie machen Mathematikaufgaben.)

- 이 가족은 돈이 없어 절약해야 한다.
  ▶ Diese Familie muss *rechnen*. (=Sie hat wenig Geld und muss sparen.)

- 나는 모든 손님에게 한 병씩의 포도주가 필요할 것이라고 예상합니다.
  ▶ Ich *rechne* eine Flasche Wein für jeden Gast. (=Ich denke, ich werde so viel brauchen.)

| auf jn./etw. ~ |

- 나는 너를 신뢰한다.
  ▶ Ich *rechne auf* dich. (=Ich verlasse mich auf dich. Ich bin sicher, du wirst mir helfen.)

| mit jm./etw. ~ |

- 나는 비가 올 것이라고 예상하고 있다.
  ▶ Ich *rechne mit* Regen. (=Ich denke, es wird regnen.)

- 얼마나 많은 손님이 오리라고 예상합니까?
  ▶ *Mit* wieviel Gästen *rechnen* Sie? (=Wieviele erwarten Sie?)

- 그 종업원들은 봉급인상을 받게 될 것을 확고하게 믿었다.
  ▶ Die Angestellten haben fest *damit gerechnet*, eine Gehaltserhöhung zu bekommen. (=Sie haben sie bestimmt erwartet.)

| jn. zu etw. ~ |

- 사람들은 고등학교 정교사들을 비교적 높은 관료들로 쳐준다.
  ▶ Man *rechnet* die Studienräte *zu* den höheren Beamten.

  > *위 문장의 결과 Die Studienräte *gehören zu* den höheren Beamten.으로 된다. 여기에서도 '소속'을 나타내므로 전치사는 똑 같이 *zu*가 온다.

abrechnen

- 수입들로부터 비용들을 빼야 한다, 그러면 당신은 순이익을 갖게 된다.

▶ Von den Einnahmen müssen Sie die Unkosten *abrechnen*, dann haben Sie den Gewinn. (=Sie müssen die Unkosten abziehen.)

• 저녁에 급사는 정산해야 한다.
▶ Am Abend muss der Kellner *abrechnen*. (=Er muss die Einnahmen addieren und abliefern.)

mit jm. abrechnen

• 나는 그 남자와의 대차관계를 황급히 청산했다.
▶ Ich *rechnete mit* dem Mann in aller Hast *ab*. (모델, 22쪽)

anrechnen

• 회사는 수송비용을 나에게 지불하게 한다.
▶ Die Firma *rechnet* mir die Transportkosten *an*. (=Ich muss die Transportkosten bezahlen.)

• 나는 그가 그 돈을 돌려준 것을 높이 평가한다.
▶ Ich *rechne es ihm hoch an*, dass er das Geld zurückgegeben hat. (=Ich erkenne das an. Ich schätze es. Ich bin dankbar dafür. I.)

etw. auf etw. ~

• 외국에서 보낸 학기들은 학점이수 학기로 인정받는다.
▶ Im Ausland verbrachte Semester werden auf die Studienzeit *angerechnet*. (=Sie zählen, sie werden gewertet.)

aufrechnen

• 페터는 잉게에게 5유로를 빌려주었다. 그리고 그녀는 그를 위해 8 유로를 빌려주었다. 이제 그들은 그들의 부채를 서로 상쇄했다. 잉게가 3

유로를 더 받았다.
> Peter hatte Inge fünf Euro geliehen, und sie acht Euro für ihn ausgelegt; jetzt *rechneten* sie ihre Schulden gegeneinander *auf*, und Inge bekam noch drei Euro. (=Sie glichen ihre Schulden aus. : ausgleichen=aufrechnen: '상쇄하다')

ausrechnen

- 너는 얼마나 내가 지불해야 하는지 계산해보았느냐?
  > Hast du *ausgerechnet*, was ich bezahlen muss?

berechnen

- 건축가는 개축의 비용을 20,000유로로 잡고 있다.
  > Der Architekt *berechnet* die Kosten des Umbaus auf 20000 Euro. (=Er kalkuliert, er schätzt.)

- 이 정보에 대해 나는 당신에게 한 푼도 요구하지 않습니다.
  > Für diese Auskunft *berechne* ich Ihnen nichts. (=Dafür verlange ich kein Geld.)

- 그 젊은 부인은 이 친분관계가 그 녀에게 유리할 수도 있다는 점을 정확히 고려했다.
  > Die junge Dame hatte genau *berechnet*, dass diese Bekanntschaft für sie vorteilhaft sein könnte. (=Sie hat es genau überlegt.)

einrechnen

- 그 팁들이 계산에 포함되어 있는가?
  > Sind die Trinkgelder in den Preis *eingerechnet*? (=Sind sie eingeschlossen?)

errechnen

- 재무부는 세금들을 계산해낸다.
  - ▶ Das Finanzamt *errechnet* die Steuern. (Es berechnet, wieviel ich zahlen muss.)

nachrechnen

- 그 계산서를 검토해 보십시오!
  - ▶ Bitte *rechnen* Sie *nach*! (=Prüfen Sie die Rechnung!)

umrechnen

- 그 스웨덴의 여자관광객은 그 가격을 크로넨으로 환산한다.
  - ▶ Die schwedische Touristin *rechnet* den Preis *in* Kronen *um*. (=Sie rechnet aus, wieviel Kronen das wären.)

> *'유로를 프랑으로 환산하다'를 표현하기 위해서는 동사 *wechseln* 또는 *umtauschen*과 전치사 *in*을 함께 사용한다. '나는 100유로를 프랑스 프랑으로 환전하고 싶다' → Ich möchte 100 Euro *in* französische Francs *wechseln/umtauschen*.
> 그에 반해 동사 *tauschen*은 전치사 *gegen*과 함께 온다. '나는 100유로를 프랑스 프랑으로 환전하고 싶다' → Ich möchte 100 Euro *gegen* französische Francs *tauschen*.

verrechnen

- 은행이 나의 부채들을 나의 예금액과 상쇄한다.
  - ▶ Die Bank *verrechnet* meine Schulden *gegen* mein Guthaben. (=Sie gleicht sie aus.)

sich ~

- 그것은 그러나 네가 잘못 계산했어!
  ▶ Da hast du *dich* aber *verechnet*! (=Da irrst du dich! U.)

vorrechnen

- 아버지는 그 아들에게 자신이 그를 위해 무슨 일을 했는지 모두 밝힌다.
  ▶ Der Vater *rechnet* dem Sohn *vor*, was er alles für ihn getan hat. (=Er macht es ihm klar.)

zusammenrechnen

- 모든 것을 다 합하면, 그 여행은 정말 아주 비쌌다.
  ▶ Wenn man alles *zusammenrechnet*, war die Reise doch sehr teuer. (=Wenn man alle Ausgaben addiert, ist die Summe hoch.)

rechfertigen

rechfertigen

- 훌륭한 품질이 그 가격을 정당화한다.
  ▶ Die ausgezeichnete Qualität *rechtfertigt* den Preis. (=Die Ware ist so gut, dass der hohe Preis nicht zu hoch ist.)

- 당신은 당신의 행동을 어떻게 정당화시킬 수 있습니까?
  ▶ Wie können Sie Ihr Handeln *rechtfertigen*? (=Wie können Sie es erklären und verantworten?)

reden vs. anreden vs. aufreden vs. ausreden vs. bereden vs. einreden vs. sich herausreden vs. hineinreden vs. mitreden vs. nachreden vs. überreden vs. verabreden vs. zureden

reden

- 그 정치가는 말을 잘 한다.
  ▶ Der Politiker *redet* gut. (=Er spricht gut.)

- 사람들이 무엇이라고 지껄이던지 신경 쓰지 마세요!
  ▶ *Lassen* Sie *die Leute reden*! (=Kümmern Sie sich nicht darum, was die Leute sagen. I.)

- 너는 내가 아니니까, 그렇게 쉽게 말하는군!
  ▶ Du *hast gut reden*! (Du hast meine Sorgen nicht, du kannst leicht sagen, was du an meiner Stelle tätest. U.)

- 그 운동선수는 자신에 대해 사람들이 수다 떨게 한다.
  ▶ Der Sportler *macht von sich reden*. (=Man spricht über ihn. I.)

- 그녀는 너무 빨리 그리고 너무 많이 말한다.
  ▶ Sie *redet wie ein Wasserfall*. (Sie spricht zu schnell und zu viel. I.)

- 그는 말하는 동안에 정말로 화를 내게 된다.
  ▶ Er *redet sich in Wut*. (=Während er spricht, wird er erst richtig wütend.)

- 신부님이 그 도둑에게 좋은 사람이 되라고 양심에 호소한다.
  ▶ Der Pfarrer *redet* dem Dieb *ins Gewissen*. (=Er sagt ihm, er solle sich bessern. I.)

| mit jm. ~ |

- 리햐르트는 그 교수님과 오랫동안 담소했다.
  ▶ Richard hat lange *mit* dem Professor *geredet*. (=Sie haben sich unterhalten.)

| über jn./etw. ~ |

- 당신은 리햐르트의 박사논문에 대해 이야기했다.
  ▶ Sie haben *über* Richards Doktorarbeit *geredet*. (=Die Arbeit war das Thema.)

| von jm./etw. ~ |

- 그 신사들은 그 날 저녁 내내 사업들에 관해서만 이야기했다.
  ▶ Die Herren haben den ganzen Abend nur *von* Geschäften *geredet*. (=Sie haben nur darüber gesprochen.)

- 그는 그의 딸이 사고를 당한 것에 대해 이야기한다.
  ▶ Er redet *davon*, dass seine Tochter einen Unfall gehabt hat. (KVL, S. 236)

*davon*은 '생략할 수 없는 상관사 obligatorisches Korrelat'이다.

- 우리는 우리가 언제 휴가를 떠날 것인지에 대해 이야기한다.
  ▶ Wir reden *davon*, wann wir in Urlaub fahren. (KVL, S. 236)

*davon*은 '생략할 수 없는 상관사 obligatorisches Korrelat'이다.

- 나는 내 부모님들과 내가 더 많은 돈을 필요로 하는 것에 대해 이야기할 것이다.
  ▶ Ich werde mit meinen Eltern *darüber* reden, dass ich mehr Geld brauche. (KVL, S. 236)

*darüber*는 '생략할 수 없는 상관사 obligatorisches Korrelat'이다.

- 나는 내 부모님들과 내가 홀로 휴가여행을 떠나도 될 지에 대해 이야기할 것이다.
  ▶ Ich werde mit meinen Eltern *darüber* reden, ob ich allein in Urlaub fahren darf. (KVL, S. 236)

 *darüber*는 '생략할 수 없는 상관사 obligatorisches Korrelat'이다.

anreden

- 그 늙은 신사는 그 대학생에게 말을 걸어 한 가지 정보를 요청했다.
  ▶ Der alte Herr *redete* den Studenten *an* und bat um eine Auskunft.

- 한 주교님을 어떤 호칭으로 부르는가?
  ▶ Wie *redet* man einen Bischof *an*? (=Welchen Titel muss man gebrauchen?)

aufreden

- 여자상인은 그 옷이 그 녀에게 어울리지도 않는데도 불구하고, 그 여인에게 그 옷을 사도록 꾸준히 설득했다.
  ▶ Die Verkäuferin hat der Dame das Kleid *aufgeredet*, obwohl es *ihr* gar nicht *stand*. (=Sie hat so lange geredet, bis sie es kaufte.)

 Der Hut steht dir gut. '모자가 너한테 잘 어울린다.' (모델, 1980쪽)

ausreden

- 나를 끝까지 다 말하게 좀 해 주세요!

▶ Lassen Sie mich doch *ausreden*! (=Lassen Sie mich zu Ende sprechen!)

• 아버지는 그의 딸에게 미국여행을 포기시킬려고 한다.

▶ Der Vater will seiner Tochter die Reise nach Amerika *ausreden*. (=Er will sie von ihrem Plan abbringen.)

bereden

• 이 일에 대해서는 나는 나의 남편과 의논해야 한다.

▶ Diese Sache muss ich mit meinem Mann *bereden*. (=Ich muss sie mit ihm besprechen.)

einreden

sich^3 etw. ~

• 그녀는 자신이 병들어 있다고 잘못 믿고 있다.

▶ Sie *redet sich ein*, dass sie krank ist. (=Sie bildet sich ein, krank zu sein.)

auf jn. ~

• 그 숙녀는 흥분하여 그 경관을 끊임없이 설득한다.

▶ Die Dame *redet* aufgeregt *auf* den Polizisten *ein*.

herausreden

sich auf jn/etw. ~

• 지각한 그 소년은 그 시가전차를 핑계로 대려고 했다.

▶ Der Junge, der zu spät kam, wollte *sich auf* die Straßenbahn *herausreden*.

hineinreden (dreinreden)

`in etw. ~`

- 언니는 여동생의 용건들에 항상 간섭하려고 한다.
  ▶ Die ältere Schwester will immer *in* die Angelegenheiten der jüngeren *hineinreden*. (=Sie mischt sich immer ein.)

mitreden

- 노동자들은 기업들의 경영에 참여하려고 한다.
  ▶ Die Arbeiter wollen in der Verwaltung der Betriebe *mitreden*. (=Sie wollen auch etwas zu sagen haben, sie wollen mitbestimmen.)

- 당신은 축구에 관해 이야기하십니까? 그것에 관해 저는 아무것도 모릅니다.
  ▶ Sie sprechen über Fußball? Da kann ich nicht *mitreden*.

nachreden

- 여주인은 그녀의 세입자들의 등 뒤에서 그들에 관해 나쁘게 이야기한다.
  ▶ Die Wirtin *redet* ihren Mietern üble Dinge *nach*. (=Sie spricht hinter ihrem Rücken schlecht über sie.)

überreden

- 마이어씨는 그의 부인에게 함께 산보를 가도록 설득했다.
  ▶ Herr Meier *überredete* seine Frau (*dazu*), doch mit ihm spazierenzugehen. (=Sie hatte nicht gewollt, aber er redete so lange, bis sie mitkam.)

  *'상관사 Korrelat' *dazu*가 생략되었다고 볼 수 있다.

verabreden

- 그 도둑들은 그 돈을 훔치기로 약속했다.
  ▶ Die Diebe haben *verabredet*, das Geld zu stehlen. (=Sie haben es geplant und abgemacht.)

sich mit jm. ~

- 나는 나의 여자 친구와 오늘 저녁에 만나기로 약속했다.
  ▶ Ich habe *mich mit* meiner Freundin für heute Abend *verabredet*. (Wir haben gesagt, dass wir uns treffen wollen.)

zureden

- 선생님은 그 대학생에게 그 시험을 한 번 쳐볼 것을 충고한다.
  ▶ Der Lehrer *redet* dem Studenten *zu*, die Prüfung zu versuchen. (=Er rät es ihm sehr.)

- 시험 치기 전에 선생님은 후보자들에게 친절하게 격려한다.
  ▶ Vor der Prüfung *redet* der Lehrer den Kandidaten gut *zu*. (=Er spricht freundlich mit ihnen und macht ihnen Mut.)

082

regen vs. anregen vs. aufregen vs. erregen

regen

- 아무 것도 움직이지 않았다.
  ▶ Nichts *regte sich*. (=Alles war still. Nichts bewegte sich.)

- 상인으로 성공하려면, 활동적이어야 한다.
  > Man muss *sich regen*, wenn man als Kaufmann erfolgreich sein will. (=Man muss aktiv sein.)

anregen

- 커피가 정신을 자극한다.
  > Kaffee *regt an*. (=Er belebt. Er macht aktiver.)

`jn. zu etw. ~`

- 그 여성지는 독자들이 그들의 집을 더 아름답게 설치하도록 자극을 준다.
  > Die Frauenzeitschrift will ihre Leser *dazu anregen*, ihr Heim schöner einzurichten. (=Sie will dazu Lust machen und Ideen geben.)

- TV에서의 호소가 시청자들을 기부하도록 부추겼다.
  > Der Aufruf im Fernsehen hat die Hörer *zu* Spenden *angeregt*. (=Er hat die Zuschauer veranlasst, Geld zu geben.)

aufregen

- 이 소음이 나를 신경질 나게 한다.
  > Dieser Lärm *regt* mich *auf*. (=Er macht mich nervös.)

`sich über etw./jn. ~`

- 그 가정주부들은 물가상승에 대해 아주 화를 내었다.
  > Die Hausfrauen haben *sich über* die Preissteigerung *aufgeregt*. (=Sie waren sehr ärgerlich darüber.)

erregen

1 Gefühle wecken

- 그의 말들이 나의 동정심을 유발했다.
  - ▶ Seine Worte *erregten* unser Mitleid. (=Die Worte machten uns mitleidig.)

- 이 소식은 도처에 기쁨을 불러 일으켰다.
  - ▶ Diese Nachricht *erregte* überall Freude. (=Alle freuten sich.)

- 그 젊은 남자의 태도는 의심을 불러 일으켰다.
  - ▶ Das Verhalten des jungen Mannes *erregte* Verdacht. (=Er schien verdächtig.)

2 ärgern

  sich über etw./jn. ~

- 주민들은 새 법률에 대해 짜증/화를 내었다.
  - ▶ Die Bevölkerung *erregte sich über* das neue Gesetz. (Man war ärgerlich darüber, man regte sich auf.)

083
reichen vs. ausreichen vs. einreichen vs. erreichen vs. heranreichen vs. nachreichen vs. überreichen vs. verabreichen

reichen

1 genügen

- 내 돈이 충분치 않을 것이다.
  - ▶ Mein Geld wird nicht *reichen* (=*ausreichen*). (=Es wird nicht genug sein.)

2 sich erstrecken

- 그의 영향력은 멀리까지 미친다.
  - ▶ Sein Einfluss *reicht* weit. (=Er hat großen Einfluss, gute Beziehungen.)

- 그 부인의 키는 그녀 남편의 어깨까지만 온다.
  - ▶ Die Frau *reicht* ihrem Mann nur bis an die Schulter. (=Sie ist viel kleiner als er.)

3 geben

- 그는 나에게 손을 주었다.
  - ▶ Er *reichte* mir die Hand. (=Er gab mir die Hand.)

- 바흐의 아들들도 작곡가들이었다, 그러나 그들은 그들의 아버지의 능력에 미치지 못했다.
  - ▶ Bachs Söhne waren auch Komponisten, aber sie konnten ihrem Vater *nicht das Wasser reichen*. (=Er war viel besser als sie. I.)

ausreichen

- 내 월급은 결코 충분치 않다.
  - ▶ Mein Gehalt *reicht* nie *aus*. (=Ich komme damit nicht aus, es genügt nicht.)

einreichen

- 그 관리는 그의 휴가 청원서를 제출한다.
  - ▶ Der Beamte *reicht* sein Urlaubsgesuch *ein*. (=Er bittet schriftlich um Urlaub.)

- 대학생들은 그들의 서류들을 대학당국에 제출해야 한다.

▶ Die Studenten müssen ihre Papiere bei der Universität *einreichen*. (=Sie müssen sie an die Universität schicken.)

erreichen

- 그 프랑스인 주자는 1등으로 목표에 도착했다.
  ▶ Der französische Läufer *erreichte* als erster das Ziel. (=Er kam als erster ans Ziel.)

- 당신은 그 기차를 탈 수 있었느냐?
  ▶ Haben Sie den Zug noch *erreicht*? (=Haben Sie ihn noch bekommen?)

- 나는 한 개의 사다리가 필요하다, 왜냐하면 가장 높은 서랍에는 내 팔이 미치지 않기 때문이다.
  ▶ Ich brauche eine Leiter, denn ich kann das oberste Fach nicht *erreichen*. (=Mein Arm reicht nicht so weit, ich bin so klein.)

- 너는 너의 사장에게서 무엇인가를 얻어내었니?
  ▶ Hast du bei deinem Chef etwas *erreicht*? (=Hattest du Erfolg?)

- 사람들은 나에게 전화할 수 있다.
  ▶ Ich bin telefonisch zu *erreichen*. (=Sie können mich anrufen.)

heranreichen

    an jn. ~

- 이 작은 극장에서의 공연들은 한 큰 무대의 공연들에 비교가 될 수 없다.
  ▶ Die Aufführungen in diesem kleinen Theater können *an* die einer großen Bühne nicht *heranreichen*. (=Die Aufführungen der großen Bühne sind viel besser.)

nachreichen

- 급사는 감자들을 추가로 가져온다.
  ▶ Der Kellner *reicht* Kartoffeln *nach*. (Er bringt noch Kartoffeln.)

- 부족한 서류들은 당신이 추후에 제출해야 합니다.
  ▶ Die fehlenden Papiere müssen Sie *nachreichen*. (=Sie müssen sie später einreichen.)

überreichen

- 장관은 그 작가에게 그 문학상을 수여했다.
  ▶ Der Minister *überreichte* dem Dichter den Literaturpreis. (=Er gab ihm die Urkunde feierlich.)

verabreichen

- 의사는 그 환자에게 주사 한 대를 놓아주었다
  ▶ Der Arzt *verabreichte* dem Kranken eine Spritze.

084

reizen vs. anreizen vs. aufreizen

reizen

- 눈부신/환한 빛이 내 눈을 자극한다.
  ▶ Das grelle Licht *reizt* meine Augen. (Meine Augen beginnen zu schmerzen.)

- 연기가 눈을 자극한다.
  ▶ Der Rauch *reizt* die Augen. (모델, 1700쪽)

- 이 과제가 나의 관심을 끈다.
  ▶ Diese Aufgabe *reizt* mich. (=Sie interessiert mich sehr, ich möchte sie gern machen.)

- 그에게 내 의견을 말하고 싶어 죽겠다.
  ▶ Es *reizt* mich, ihm meine Meinung zu sagen. (=Ich habe große Lust dazu.)

- 그 애들이 그 개가 화를 나게 만들었다.
  ▶ Die Kinder *reizten* den Hund. (=Sie machten ihn zornig.)

```
jn. zu etw. ~
```

- 그의 어리석은 연설이 반대하게 부추긴다.
  ▶ Seine dummen Reden *reizen zum* Widerspruch. (Man muss widersprechen.)

anreizen

- 특별수당이 노동자들이 더 높은 업적들을 내도록 고무시킨다.
  ▶ Die Prämie *reizt* die Arbeiter zu erhöhten Leistungen *an*. (=Die Prämie macht die Mehrarbeit interessant.)

aufreizen

- 심한 압제가 국민들로 하여금 저항하도록 자극시켰다.
  ▶ Die harte Unterdrückung *reizte* das Volk zum Widerstand *auf*. (=Die Unterdrückung erregte das Volk, so dass es protestierte.)

richten vs. abrichten vs. anrichten vs. aufrichten vs. ausrichten vs. berichten vs. einrichten vs. entrichten vs. errichten vs. herrichten vs. hinrichten vs. unterrichten vs. verrichten vs. zurichten

richten

1️⃣ 'in Ordnung bringen'
- 그 소녀는 자신의 머리를 빗는다.
  ▶ Das Mädchen *richtet sich* die Haare. (=Es kämmt sich.)

  > **sich*는 4격 보충어에 오는 '신체 또는 의복의 소유주'를 나타내는
  > '소유의 3격 possessiver Dativ'이다.

- 너는 손님들을 위해 그 방을 준비/채비했느냐?
  ▶ Hast du das Zimmer für die Gäste (*her*)*gerichtet*? (=Hast du sie vorbereitet?)

- 그 손상을 수리할 수 있습니까?
  ▶ Kann man den Schaden *richten*? (=Kann man ihn reparieren?)

- 나는 내 시계의 시간을 바로잡아야 한다.
  ▶ Ich muss meine Uhr *richten*. (=Ich muss sie richtig stellen.)

2️⃣ 'urteilen'
- 그 판사는 독립적으로 재판한다.
  ▶ Der Richter richtet *unabhängig*. (=Er entscheidet frei.)

- 그 범인은 죄책감 때문에 자살했다.
  ▶ Der Verbrecher hat sich selbst *gerichtet*. (=Er hat sich das Leben

genommen, weil er sich schuldig fühlte.)

3 'in eine Richtung bringen'
- 그 선원은 시선을 위로 향했다.
  - ▶ Der Matrose *richtete* den Blick nach oben. (=Er sah nach oben.)
- 그는 음식점 안으로 그의 발걸음을 옮겼다.
  - ▶ Er *richtete* seine Schritte ins Wirtshaus. (=Er ging dorthin.)

etw. auf etw./jn. ~

- 그 사냥꾼은 그의 망원경을 그 노루에게 향하게 했다.
  - ▶ Der Jäger *richtete* sein Fernrohr *auf* das Reh. (=Er schaute zu ihm hin.)
- 그는 그 일에 그의 온 정신을 집중했다.
  - ▶ Er *richtete* seine ganze Aufmerksamkeit *auf* die Arbeit. (=Er konzentrierte sich darauf.)
- 전 가족의 희망은 그 가장 어린 아들에게 향했다.
  - ▶ Die Hoffnung der ganzen Familie *richtete sich auf* den jüngsten Sohn. (=Er war ihre ganze Hoffnung. Sie erwarteten viel von ihm.)

etw. an etw./jn. ~

- 당신의 편지들을 바이에른 방송의 오락음악 분과로 보내세요!
  - ▶ *Richten* Sie Ihre Briefe *an* den Bayerischen Rundfunk, Abteilung Unterhaltungsmusik. (=Schreiben Sie an diese Adresse.)
- 그가 당신에게 말을 걸 때까지, 그 대통령에게 말을 걸지 마세요!
  - ▶ Reden Sie den Präsidenten nicht an, warten Sie, bis er das Wort *an* Sie *richtet!* (=Warten Sie, bis er mit Ihnen spricht.)

4 'sich verhalten'

> sich nach jm./etw. ~

- 그 관리는 규정에 따라 결정했다.
  ▶ Der Beamte hat *sich nach* der Vorschrift *gerichtet*. (=Er hat sich danach entschieden. Sie war sein Vorbild.)

- 너는 음식점에서 식사하고 싶은가, 아니면 집에서 식사하고 싶은가? 나는 네가 하자는 대로 따라 하겠다.
  ▶ Willst du lieber im Gasthaus essen oder zu Hause? Ich *richte mich nach dir*. (=Ich tue, was du willst.)

- 우리는 날씨를 고려해서 결정해야 한다.
  ▶ Wir müssen *uns nach* dem Wetter *richten*. (=Wir müssen darauf Rücksicht nehmen.)

- 우리가 가고 아니 가고는 날씨에 좌우된다.
  ▶ *Es richtet sich nach* dem Wetter, *ob* wir gehen oder nicht. (=Es kommt auf das Wetter an.)

5 'jn. zugrunde ~'

- 알콜이 그를 파멸시켰다.
  ▶ Der Alkohol hat ihn *zugrunde gerichtet*. (=Er hat ihn ruiniert.)

abrichten

- 그 조련사는 그 곰들을 훈련시켰다.
  ▶ Der Dompteur hat die Bären *abgerichtet*. (=Er hat sie dressiert.)

anrichten

- 음식상을 차려도 좋겠습니까?
  > Kann ich *anrichten*? (=Kann ich das Essen zum Servieren vorbereiten?)

- 그 폭풍이 큰 손해를 야기시켰다.
  > Der Sturm hat großen Schaden *angerichtet*. (Er hat viel zerstört. Der Schaden ist groß.)

- 너는 무슨 어리석은 짓을 저질렀느냐?
  > Was hast du *angerichtet*? (=Was für eine Dummheit hast du gemacht? U.)

aufrichten

- 그 환자는 침대에서 몸을 일으켜 세웠다.
  > Der Kranke *richtete sich* im Bett *auf*. (=Er setzte sich (aus dem Liegen).)

- 그의 친절한 말들이 나를 고무시켰다.
  > Seine freundlichen Worte haben mich *aufgerichtet*. (=Sie haben mir neuen Mut gegeben.)

ausrichten

- 신부의 아버지는 그 결혼식 비용을 지불한다.
  > Der Vater der Braut *richtet* die Hochzeit *aus*. (=Er bezahlt die Feier.)

- 뮬러 부인에게 저의 인사를 전해주세요!
  > Bitte *richten* Sie Frau Müller Grüße *aus*! (=Sagen Sie ihr, dass ich sie grüßen lasse. Bestellen Sie die Grüße.)

*jm. js. Grüße ausrichten*은 '누구에게 누구의 인사를 전하다'를 뜻한다.

- 악의에 찬 말들보다 친절함을 통해 너는 더 많은 것을 이룰 수 있다.
  ▶ Mit Freundlichkeit kannst du mehr *ausrichten* als mit bösen Worten. (=Du kannst mehr erreichen.)

- 그 군인들은 일렬(一列)로 선다.
  ▶ Die Soldaten *richten sich aus*. (=Sie stellen sich in eine gerade Linie.)

- 조심해! 마이어부인은 모든 사람들에 대해 나쁘게 이야기한다.
  ▶ Vorsicht! Frau Meier *richtet* alle Leute *aus*. (Sie spricht schlecht über sie. U.)

berichten

über etw. ~

- 그 방송은 그 선거들에 관해 보도한다.
  ▶ Der Rundfunk *berichtet über* die Wahlen. (=Er bringt Meldungen darüber.)

von etw. ~

- 내 아들은 그 보트레이스에 대해 열광적으로 심취되어 보고했다.
  ▶ Mein Sohn *berichtete* begeistert *von* der Regatta. (=Er erzählte begeistert davon.)

einrichten

- 그 젊은 부부는 그들의 집을 현대적으로 꾸몄다.

▶ Das junge Paar hat seine Wohnung modern *eingerichtet*. (=Sie kauften moderne Möbel.)

• 시영 목욕탕에는 한 개의 한증탕이 설치되었다.
▶ In dem städtischen Bad wurde eine Sauna *eingerichtet*. (=Sie wurde installiert.)

• 당신은 당신이 우리를 방문하는 것이 가능하게 한 번 해보세요!
▶ *Richten Sie es doch ein, dass* Sie uns besuchen können. (=Machen Sie es möglich! Sehen Sie zu, dass es geht!)

sich auf etw. ~

• 나는 점심식사에 10명의 손님을 예상하고 그에 맞게 준비한다.
▶ Ich *richte mich* also *auf* zehn Personen zum Mittagessen ein. (=Ich rechne damit und bereite mich entsprechend vor.)

entrichten

• 당신은 그 세금들을 정시에 지불해야 합니다.
▶ Sie haben die Steuern pünktlich zu *entrichten*. (=Sie müssen die Steuern pünktlich bezahlen.)

*haben zu Inf. = müssen Inf.

errichten

• 그 탑은 4주 만에 세워졌다.
▶ Der Turm wurde in vier Wochen *errichtet*. (=Er wurde in vier Wochen gebaut.)(nur vertikal)

- 그 도시는 그 위대한 작가에게 한 개의 기념비를 세워주었다.
  - ▶ Die Stadt hat dem großen Dichter ein Denkmal *errichtet*. (Sie hat ihm ein Denkmal gesetzt.)

herrichten

- 에리카양은 외출준비에 2시간이 걸린다.
  - ▶ Fräulein Erika braucht zwei Stunden, um *sich herzurichten*. (=Sie macht sich in zwei Stunden zum Ausgehen fertig.)

- 너는 그 여행을 위한 모든 것을 준비했느냐?
  - ▶ Hast du alles für die Reise *hergerichtet*? (=Hast du alles vorbereitet?)

- 그 집주인은 건물의 앞면을 수리시킨다.
  - ▶ Der Hausbesitzer lässt die Fassade *herrichten*. (=Er lässt sie ausbessern. Sie wird renoviert.)

hinrichten

- 독일에서는 오늘날 아무도 사형당하지 않는다.
  - ▶ In Deutschland wird heute niemand mehr *hingerichtet*. (=Es gibt keine Todesstrafe mehr, niemand kann vom Staat getötet werden.)

unterrichten

| jn. in etw. ~ |

- 그 여선생님은 그 애들에게 음악을 가르친다.
  - ▶ Die Lehrerin *unterrichtet die Kinder in* Musik.

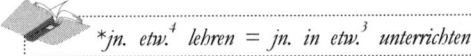
*jn. etw.⁴ lehren = jn. in etw.³ unterrichten

> jn. über etw. ~

- 신문과 방송은 그 날 일어난 사건들에 관해 우리에게 정보를 준다.
  ▶ Presse und Rundfunk *unterrichten uns über* die Tagesereignisse. (=Sie informieren uns.)

> *jn. in etw. unterrichten*은 '누구에게 무슨 과목을 가르치다'를 의미하고, *jn. über etw. unterrichten*은 '누구에게 무엇에 관해 정보를 주다'를 뜻하는 용법의 차이가 있다.

verrichten

- 그는 그 일을 완수했다.
  ▶ Er hat die Arbeit *verrichtet*. (=Er hat sie erledigt, er hat sie fertig gemacht.)

zurichten

- 그 충돌에서 내 차는 심하게 파손되었다.
  ▶ Bei dem Zusammenstoß wurde mein Wagen übel *zugerichtet*. (=Er wurde beschädigt.)

086

rücken vs. abrücken vs. anrücken vs. aufrücken vs. ausrücken vs. berücken vs. einrücken vs. entrücken vs. herausrücken vs. nachrücken vs. vorrücken vs. verrücken vs. zusammenrücken

rücken

- 제발, 조금 더 왼쪽으로 이동하십시오!

▶ Bitte, *rücken* Sie etwas nach links! (=Setzen Sie sich (oder: gehen Sie) etwas weiter nach links!)

• 나는 그 안락의자를 창가로 옮깁니다.
▶ Ich *rücke* den Sessel an das Fenster. (=Ich schiebe ihn dorthin.)

• 그 부대들은 전쟁터로 나아간다.
▶ Die Truppen *rücken* ins Feld. (=Sie ziehen in den Krieg.)

• 그 기사는 그 사건을 있는 그대로 보여 주었다.
▶ Der Artikel hat die Angelegenheit *ins richtige Licht gerückt*. (=Er hat die Sache so gezeigt, wie sie ist. I.)

abrücken

• 그 가정주부는 그 벽장을 벽으로부터 멀리 옮겼다.
▶ Die Hausfrau hat den Schrank von der Wand *abgerückt*. (=Sie hat ihn weggezogen.)

• 그 연습 후에 소방대는 다시 철수했다.
▶ Nach der Übung ist die Feuerwehr wieder *abgerückt*. (=Er ist wieder ins Depot gefahren.)

| von etw. ~ |

• 교수님은 그의 옛날 견해들로부터 거리를 두게 되었다.
▶ Der Professor ist von seinen früheren Ansichten *abgerückt*. (=Er hat sich distanziert. Er will nichts damit zu tun haben.)

anrücken

• 그 소방대가 화재를 끄기 위해 다가온다.

▶ Die Feuerwehr *rückt an*, um den Brand zu löschen. (=Sie kommt mit mehreren Personen.)

aufrücken

• 좀 더 다가올 수 있겠습니까? ('더 다가와 간격을 메우다')

▶ Können Sie etwas näher *aufrücken?* (모델, 172쪽)

• 그 젊은 소위는 중위로 진급했다.

▶ Der junge Leutnant ist zum Oberleutnant *aufgerückt*. (=Er wurde befördert.)

ausrücken

• 소방대가 출동했다.

▶ Die Feuerwehr ist *ausgerückt*. (=Sie hat die Wache verlassen.)

• 출납계는 그 돈을 가지고 도망갔다.

▶ Der Kassierer ist mit dem Geld *ausgerückt*. (Er ist damit durchgegangen, er ist geflüchtet. U.)

berücken

• 그녀의 아름다움은 모두를 매료시켰다.

▶ Ihre Schönheit *berückte* alle. (=Sie bezauberte alle.)

einrücken

• 페터는 4월 1일에 입대해야 한다.

▶ Peter muss am ersten April *einrücken*. (=Er muss Soldat werden.)

entrücken

- 그 음악은 그로 하여금 현재를 잊게 했다.
  ▶ Die Musik *entrückte* ihn der Gegenwart. (=Sie lässt ihn die Gegenwart vergessen. Lit.)

herausrücken

- 그 소년은 할아버지에게 돈을 청구했다, 그러나 그는 한 푼도 주지 않았다.
  ▶ Der Junge bat den Großvater um Geld, aber der hat nichts *herausgerückt*. (=Er hat ihm nichts gegeben. U.)

    mit etw. ~

- 처음에는 그는 거짓말을 시도했었다, 그러나 나중에 그는 진실을 말하고 말았다.
  ▶ Zuerst hat er versucht zu lügen, aber dann ist er doch *mit* der Wahrheit *herausgerückt*. (=Er hat die Wahrheit gesagt. U.)

nachrücken

- 뮬러씨는 진급되었다. 그의 자리에 베르거씨가 후임으로 부임한다.
  ▶ Herr Müller wurde befördert. Auf seinen Posten *rückt* Herr Berger *nach*. (=Er folgt ihm, er kommt eine Stufe weiter.)

vorrücken

- 적이 진격한다.
  ▶ Der Feind *rückt vor*. (=Er gewinnt Boden.)

- 시간이 간다.
  ▶ Die Zeit *rückt vor*. (=Es wird spät.)

verrücken

- 그 젊은 사람들은 춤추기 위한 장소를 얻기 위해 모든 가구들을 다른 데로 옮겼다.
  > Die jungen Leute haben alle Möbel *verrückt*, um Platz zum Tanzen zu haben. (=Sie haben die Möbel an einen anderen Platz gestellt.)

zusammenrücken

- 우리가 더 붙어 앉으면, 우리는 당신을 위한 자리를 갖게 될 것이다.
  > Wenn wir *zusammenrücken*, haben wir noch Platz für Sie. (=Wir setzen uns enger.)

ruhen vs. ausruhen vs. beruhen

ruhen

- 당신은 그 사장/교장에게 말을 걸 수 없습니다, 그는 휴식중입니다.
  > Sie können den Direktor nicht sprechen, er *ruht*. (=Er schläft.)

- 일요일에는 그 공장에서는 일을 하지 않습니다.
  > Am Sonntag *ruht* die Arbeit in der Fabrik. (=Es wird nicht gearbeitet.)

- 휴전 상태이다.
  > Die Waffen *ruhen*. (=Es wird nicht gekämpft.)

- 내가 그에게 모든 것을 이야기할 때까지, 그는 나를 가만 내버려두지

않고 계속 괴롭혔다.
▶ Er *ruhte* nicht, bevor ich ihm alles erzählt hatte. (=Er ließ mir keine Ruhe.)

• 평화 속에서 안식을 갖기를! (묘비명의 문구)
▶ *Ruhe* sanft! (Ruhe in Frieden! (Inschrift auf Grabsteinen).)

• 여기는 쉬기 좋은 곳이다.
▶ *Hier läßt es sich gut ruhen!* (모델, 1747쪽)

• 식사 후에는 휴식을 취하든지, 1000보를 걸어라.
▶ Nach dem Essen sollst du *ruhn* oder tausend Schritte tun. (모델, 1747쪽)

• 밭이 놀고 있다(=사용되지 않고 있다.)
▶ Der Acker *ruht*. (모델, 1747쪽)

• 휴일에는 시내의 교통이 거의 완전히 정지된다.
▶ An Feiertagen *ruht* der Verkehr in der Stadt fast völlig. (모델, 1747쪽)

auf jm. ~

• 그 공장을 위한 모든 책임은 그의 어깨 위에 놓여 있다.
▶ Die ganze Verantwortung für die Fabrik *ruht auf* seinen Schultern. (=Er trägt die Verantwortung.)

• 건물의 기초가 그 집을 받치고 있다.
▶ Das Haus *ruht auf* einem Fundament. (=Das Fundament trägt die Last des Hauses.)

ausruhen

sich von etw. ~

- 우리는 산꼭대기에서 힘든 등산으로부터 체력을 회복하기위해 푹 쉬었다.
  ▶ Wir *ruhten uns* auf dem Gipfel *von* dem anstrengenden Aufstieg *aus*. (=Wir machten eine Pause, um neue Kräfte zu sammeln.)

beruhen

auf etw. ~

- 그의 성공은 근면함과 유능함에 기인한다.
  ▶ Sein Erfolg *beruht auf* Fleiß und Tüchtigkeit. (=Durch Fleiß und Tüchtigkeit hatte er Erfolg.)

etw. auf sich ~ lassen

- 그 일에 관해 더 이상 이야기하지 말자!
  ▶ *Lassen wir die Sache auf sich beruhen!* (=Sprechen wir nicht mehr davon!)

rühren vs. anrühren vs. aufrühren vs. berühren vs. herrühren vs. umrühren

rühren

- 그 도보 여행 후에 나는 꼼짝할 수 없었다.
  ▶ Nach der Wanderung konnte ich kein Glied mehr *rühren*. (=Ich konnte keine Bewegung mehr machen, so müde war ich.)

- 그는 집에서 아무것도 하지 않는다.
  ▶ Er *rührt* zu Haus *keinen Finger*. (=Er tut gar nichts. I.)

- 요리사는 케이크용 반죽을 휘젓는다.
  ▶ Der Koch *rührt* den Kuchenteig. (=Er bewegt ihn mit dem Löffel, damit er glatt wird.)

- 그 고아의 운명이 나를 감동시킨다.
  ▶ Das Schicksal des Waisenkindes *rührt* mich. (=Es bewegt meine Gefühle, das Kind tut mir leid.)

sich rühren

- 아무 것도 움직이지 않았다.
  ▶ Nichts *rührte sich*. (=Alles war ruhig, nichts bewegte sich.)

- 네가 무엇을 원하면, 너는 그것을 위해 무엇인가를 해야 한다.
  ▶ Du musst *dich rühren*, wenn du etwas willst! (=Du musst dich melden. Du musst etwas dafür tun.)

- 우리는 잉게에 관해 오랫동안 아무런 소식도 듣지 못했다.
  ▶ Inge hat *sich* lange nicht *gerührt*. (=Wir haben lange nichts von ihr gehört. U.)

an etw. ~

- 그의 손실에 관해 언급하지 마십시오!
  ▶ *Rühren* Sie nicht *an* seinen Verlust! (=Sprechen Sie nicht davon.)

anrühren

- 나를 건드리지 마세요!

▶ *Rühren* Sie mich nicht *an*! (=Fassen Sie mich nicht an!)

- 그 병든 남자는 그 음식에 손도 대지 않았다.

    ▶ Der Kranke hat das Essen nicht *angerührt*. (=Er hat nichts davon gegessen.)

- 미장이는 석회를 물과 함께 섞는다.

    ▶ Der Maurer *rührt* den Kalk *an*. (=Er mischt Kalk mit Wasser.)

aufrühren

- 폭풍우가 바다를 격동시키다.

    ▶ Der Sturm *rührt* das Meer *auf*. (=Das Wasser wird unruhig.)

> *독일어에서 '바다'를 'das Meer'라고 해도, 우리말에서는 '그 바다'보다 그냥 '바다'라고 번역하는 것이 자연스럽다.

berühren

- 박물관에서는 대상물들을 건드리면 안 된다.

    ▶ In einem Museum darf man die Gegenstände nicht *berühren*. (=Man darf sie nicht anfassen, nicht einmal mit dem Finger daran kommen.)

- 그가 갑자기 그렇게 친절한 것이 우리에게 기이하게 느껴졌다.

    ▶ Es *berührte* uns seltsam, dass er auf einmal so freundlich ist. (=Es kam uns seltsam vor.)

- 그가 하는 말은 전혀 나의 흥미를 끌지 않았다.

    ▶ Was er sagt, *berührte* mich gar nicht. (=Es traf mich nicht, es interessierte mich nicht.)

herrühren

| von etw. ~ |

- 그 손해들은 한 화재로 인해 발생했다.
  ▶ Die Schäden *rühren von* einem Brand *her*. (=Der Schaden ist durch einen Brand entstanden.)

umrühren

- 그 수프를 눌어붙지 않게 요리주걱으로 휘저어라
  ▶ *Rühre* die Suppe *um*, damit sie nicht anbrennt! (=Bewege die Suppe im Topf mit einem Löffel!)

089
rüsten vs. abrüsten vs. aufrüsten vs. ausrüsten vs. entrüsten

rüsten

- 유감스럽게도 강대국들은 군비를 확장하고 있다.
  ▶ Leider *rüsten* die großen Staaten. (=Sie kaufen Waffen und Kriegsmaterial.)

| sich zu etw. rüsten |

- 우리는 손님들을 맞을 준비를 한다.
  ▶ Wir *rüsten uns zum* Empfang der Gäste. (=Wir machen uns fertig.)

abrüsten

- 모든 나라들이 군비를 축소하게끔 계획되어 있었다.
  ▶ Es war geplant, dass alle Länder *abrüsten* sollten. (=Sie sollten auf

die Waffen verzichten.)

aufrüsten

- 그러나 그들은 군비를 축소하는 대신에, 군비를 확장한다.
  ▶ Aber statt abzurüsten, *rüsten* sie *auf*. (=Sie kaufen neuere und schwerere Waffen.)

ausrüsten

- 회사는 회사의 대표들에게 필요로 하는 모든 것을 갖추어주었다.
  ▶ Die Firma hat ihre Vertreter gut *ausgerüstet*. (=Sie hat ihnen alles mitgegeben, was sie brauchen.)

`jn. mit etw. ~`

- 그 기자는 한 대의 좋은 카메라를 자신을 위해 구입한다/그 기자는 한 대의 좋은 카메라를 챙겨 간다.
  ▶ Der Reporter *rüstet sich mit* einer guten Kamera *aus*. (=Er kauft sie sich für seine Arbeit. Oder: Er nimmt sie mit.)

entrüsten

`sich über etw./jn. ~`

- 그 노파는 현대 무용들에 대해 화를 내며 비난을 퍼부었다.
  ▶ Die alte Dame *entrüstete sich über* die modernen Tänze. (=Sie ärgerte sich und schimpfte darüber.)

sagen vs. absagen vs. ansagen vs. aufsagen vs. aussagen vs. besagen vs. durchsagen vs. entsagen vs. lossagen vs. nachsagen vs. totsagen vs. untersagen vs. versagen vs. voraussagen vs. wahrsagen vs. weissagen vs. zusagen

sagen

- 그녀는 "좋은 아침을"이라고 말했다.
  ▶ Sie *sagte*: "Guten Morgen".

- 그녀는 진실을 말했다.
  ▶ Sie *sagte* die Wahrheit.

- 브라운씨는 그의 부인에게 그가 지금 가야 한다고 말했다.
  ▶ Herr Braun *sagte* zu seiner Frau, dass er jetzt gehen müsse.

- 마이어씨에게 나는 더 이상 기다릴 수 없다고 제발 전해주세요!
  ▶ Bitte *sagen* Sie Herrn Meier, dass ich nicht länger warten kann. (=Bestellen Sie es ihm!)

- 페터가 어리석다고 주장할 수는 없다.
  ▶ Man kann nicht *sagen*, dass Peter dumm ist. (=Man kann es nicht behaupten. Es wäre nicht wahr.)

- 그것을 그렇게 표현할 수는 없다.
  ▶ So kann man *das* nicht *sagen*. (=So kann man es nicht ausdrücken.)

- 뮬러 씨는 그의 회사에서 아무런 발언권이 없다.
  ▶ Herr Müller *hat* in seiner Firma *nichts zu sagen*. (=Er hat keinen Einfluss.)

- 일제는 그녀의 사고에 대해 아무 것도 말하지 않았다.
  - ▶ Ilse hat *nichts von ihrem Unfall gesagt*. (=Sie hat nicht erzählt, dass sie einen Unfall hatte.)

- 일제는 그녀의 여행에 관해 무엇이라고 말했는가?
  - ▶ *Was* hat Ilse *über ihre Reise gesagt?* (=Was hat sie darüber erzählt? Wie war ihre Meinung?)

- 이 날씨에 대한 너의 의견은?
  - ▶ *Was sagst* du *zu diesem Wetter?* (=Wie denkst du darüber? Wie ist deine Meinung?)

- 그 소년은 자기 마음대로 살려고 한다.
  - ▶ Der Junge will *sich nichts sagen* lassen. (=Er will leben, wie er will.)

- 현대 예술은 많은 사람들에게 무관하다.
  - ▶ Moderne Kunst *sagt vielen Leuten nichts*. (=Sie verstehen diese Kunst nicht, und sie ist ihnen gleichgültig.)

absagen

- 그 사장/교장은 그 회의를 취소했다.
  - ▶ Der Direktor *sagte die Konferenz ab*.

- 그 병든 남자는 알콜을 포기한다.
  - ▶ Der Kranke *sagt dem Alkohol ab*. (=Er entschließt sich, nie mehr zu trinken.)

ansagen

- TV의 여자아나운서는 방송프로그램을 예고한다.

▶ Die Ansagerin im Fernsehen *sagt das Programm an*. (=Sie sagt, welche Sendungen kommen.)

- 일요일에 폭풍우가 올 것이라고 기상대가 예고했다.
  ▶ *Für Sonntag* hat die Wetterwarte *Sturm angesagt*. (=Die Meteorologen sagen, dass wahrscheinlich ein Sturm kommt.)

- 내 삼촌은 다음 주에 그가 방문할 것이라고 통지했다.
  ▶ Mein Onkel hat *für nächste Woche seinen Besuch angesagt*. (=Er hat uns Bescheid gegeben, dass er kommen wird.)

aufsagen

- 그 학생은 그 시를 암송한다.
  ▶ Der Schüler *sagt das Gedicht auf*.

- 그 늙은 문지기는 회사에 사직서를 제출했다.
  ▶ Der alte Portier *sagte der Firma den Dienst auf*. (=Er kündigte.)

aussagen

- 많은 사람들은 필적이 필자/글 쓴 사람의 성격을 많이 나타낸다고 생각한다.
  ▶ Viele glauben, dass die Handschrift *viel über den Charakter des Schreibers aussagt*. (=Die Handschrift soll den Charakter ausdrücken.)

- 증인은 피고에 불리하게 증언했다.
  ▶ Der Zeuge hat *gegen den Angeklagten ausgesagt*.

besagen

- 그의 평가는 중요하지 않다.

▶ Sein Urteil *besagt* nichts. (=Es ist ohne Bedeutung.)

• 페터가 편지를 쓰지 않는 것이 그가 아프다는 것을 뜻하지는 않는다.

▶ Dass Peter nicht schreibt, *besagt* nicht, dass er krank ist. (=Dies muss nicht heißen, dass er krank ist.)

durchsagen

• 우체국에서 나에게 그 전보를 전화를 걸어 전달하였다.

▶ Die Post *sagte mir das Telegramm durch*.

entsagen

• 한 수도원에 가입하는 사람은 속세를 단념해야 한다.

▶ Wer in ein Kloster eintritt, muss *der Welt entsagen*. (=Er muss auf die Freuden der Welt verzichten.)

lossagen

sich von jm. ~

• 그 식민지들은 본국으로부터의 독립을 선언했다.

▶ Die Kolonien *sagten sich vom* Mutterland *los*. (=Sie trennten sich vom Mutterland und wurden freie Staaten.)

nachsagen

• 그 적은 애는 어머니가 하는 대로 모든 것을 따라 말한다.

▶ Das kleine Kind *sagt der Mutter alles nach*.

• 죽은 사람들에 대해 나쁘게 말해선 안 된다.

▶ Man soll *den Toten nichts Böses nachsagen*. (=Man soll nicht schlecht über sie sprechen.)

totsagen

- 모든 유행전문가들이 이 유형을 이미 시대에 뒤졌다고 선언했지만, 그 유형을 도처에서 볼 수 있다.
  ▶ Obwohl alle Modefachleute *diesen Stil totgesagt* hatten, sieht man ihn überall. (=Alle Fachleute hatten gesagt, dieser Stil sei endgültig unmodern geworden.)

untersagen

- 시당국은 잔디를 밟는 것을 금지시켰다.
  ▶ Die Stadtverwaltung hat *das Betreten des Rasens untersagt*. (=Sie hat es verboten.)

versagen

- 그 모터는 작동하지 않았다.
  ▶ Der Motor *versagte*. (=Er funktionierte nicht mehr.)

- 그 대학생은 시험에서 실패했다.
  ▶ Der Student hat im Examen *versagt*. (=Er hat gar nichts geleistet.)

- 나의 아버지는 나에게 그의 도움을 거부했다.
  ▶ Mein Vater hat mir seine Unterstützung *versagt*. (=Er hat gesagt, dass er mich nicht unterstützen will.)

- 그 부모는 그 딸에게 어떤 소원도 들어주지 않을 수 없었다.
  ▶ Die Eltern konnten der Tochter keinen Wunsch *versagen*. (=Sie

sagten nie nein, sie schlugen ihr keinen Wunsch ab.)

voraussagen

- 기상대는 바람세기 12를 예고한다.
  - ▶ Die Wetterämter *sagen* Windstärke 12 *voraus*. (=Sie sagen, es wird ein Sturm kommen.)
- 그 정치가는 그 선거들의 결과를 옳게 예언했다.
  - ▶ Der Politiker hat den Ausgang der Wahlen *vorausgesagt*.

wahrsagen

- 사람들은 그 노파가 우리의 운명을 예언할 수 있다고 말한다.
  - ▶ Die alte Frau soll *wahrsagen* können. (Nur Infinitiv!)

weissagen

- 그 카드점쟁이여자는 그 젊은 남자에게 많은 성공을 예언했다.
  - ▶ Die Kartenlegerin *weissagte* dem jungen Mann viel Erfolg. (=Sie las aus den Karten, er werde viel Erfolg haben.)

zusagen

- 그 방이 즉시 내 마음에 들었다.
  - ▶ Das Zimmer hat *mir* sofort *zugesagt*. (=Es gefiel mir.)
- 그는 나에게 그 돈을 주겠다고 약속했다.
  - ▶ Er hat (*mir*) *zugesagt*, *mir das Geld zu geben*. (=Er hat es versprochen.)
- 그녀는 일자리를 얻게 될 것이다. 왜냐하면 그들이 그것을 그녀에게 이미 약속했기 때문이다.

▶ Sie bekommt den Job, sie haben *ihr* schon zugesagt. (Langenscheidt, S.1160)

schalten vs. abschalten vs. ausschalten vs. einschalten vs. gleichschalten vs. umschalten

schalten

- 그 운전수는 후진기어를 넣는다.
  ▶ Der Autofahrer *schaltet* in den Rückwärtsgang. (=Er legt den Rückwärtsgang ein.)

- 그는 아주 빨리 사태를 파악했다.
  ▶ Er hat sehr schnell *geschaltet*. (=Er hat sehr schnell begriffen. U.)

abschalten

- 그 전류를 끊어라!
  ▶ *Schalte* den Strom *ab*! (=Unterbrich den Strom.)

ausschalten

- 그 전기를 꺼라!
  ▶ *Schalte* das Licht *aus*! (=Mach das Licht aus!)

- 그 협상에서 사람들은 그 기술자를 제외했다.
  ▶ Bei der Verhandlung hat man den Ingenieur *ausgeschaltet*.

- 당신은 그가 정말 무죄일 수 있다는 가능성을 제외할 수 없다.

▶ Sie können die Möglichkeit nicht *ausschalten*, dass er wirklich unschuldig ist. (=Man kann die Möglichkeit nicht ausschließen. Vielleicht ist er doch unschuldig.)

einschalten

- 그 라디오를 켜세요!
  ▶ *Schalten* Sie das Radio *ein*! (=Machen Sie es an!)

- 우리는 휴식시간을 중간에 끼워 넣었다.
  ▶ Wir haben eine Pause *eingeschaltet*. (=Wir haben eine Pause gemacht.)

sich in etw. ~

- 갑자기 볼프 씨는 그 대화에 끼어든다.
  ▶ Plötzlich *schaltet sich* Herr Wolf *in* die Unterhaltung *ein*. (=Er begann mitzureden.)

- 그 독일연방공화국 대통령은 기업가들과 노동자들 사이의 임금싸움에 중재자로 개입했다.
  ▶ Der Bundespräsident hat *sich* als Vermittler *in* den Lohnstreit zwischen Arbeitgebern und Arbeitnehmern *eingeschaltet*. (=Er trat als Vermittler zwischen sie.)

gleichschalten

- 한 독재 정부는 그들의 국가안의 모든 것을 획일화하려고 시도한다.
  ▶ Eine autoritäre Regierung versucht, alles in ihrem Staat *gleichzuschalten*. (=Sie will alles auf eine Linie bringen.)

umschalten

- 우리는 지금 중파방송을 듣고 있다. 제발, 극초단파방송으로 전환하라!
  ▶ Wir hören jetzt Mittelwelle. Bitte, *schalte* auf UKW(Ultrakurzwelle) *um*! (=Drücke auf den Knopf und hole ein anderes Programm.)

- 나는 그렇게 빨리 이 일에서 저 일로 나의 관심을 전환할 수가 없다.
  ▶ Ich kann nicht so schnell *umschalten*. (=Ich kann nicht so schnell von einer Sache zu einer anderen übergehen.)

092
schämen

schämen

| sich ~ |

- 그 애는 나중에 그의 뻔뻔한 대답 때문에 부끄러워했다.
  ▶ Das Kind *schämte sich* hinterher wegen seiner frechen Antwort.

 *sich schämen은 '무연(無緣) 재귀구조 Unmotivierte Reflexivkonstruktion' 이다. 즉 숙어적 결합이다.

- 나는 당신에게 아무 것도 제공할 수 없어서 부끄럽다.
  ▶ Ich *schäme mich*, dass ich Ihnen nichts anbieten kann. (=Es tut mir leid, es ist mir peinlich.)

| sich vor jm. ~ |

- 그 가정주부는 치우지/정돈하지 않은 방 때문에 손님들에 대해 부끄러

웠다.
> Die Hausfrau *schämte sich* wegen der unaufgeräumten Wohnung *vor* den Gästen.

093
schätzen vs. abschätzen vs. einschätzen vs. überschätzen vs. unterschätzen vs. sich verschätzen

schätzen

① 'ungefähr bestimmen'
- 사진을 촬영할 때에는 거리를 대충 짐작해야 한다.
  > Beim Fotographieren muss man die Entfernung *schätzen*. (=Man misst sie mit den Augen.)

- 나는 그 반지를 300유로로 감정한다.
  > Ich *schätze* den Ring *auf* 300 Euro. (=Ich glaube, er hat so viel gekostet.)

② 'achten', 'gern haben'
- 뮬러씨는 시간을 지키는 것을 존중한다.
  > Herr Müller *schätzt* Pünktlichkeit. (=Er liebt es, wenn man pünktlich ist.)

- 나는 사람들이 나에게 진실을 말하지 않는 것을 결코 좋아하지 않는다.
  > Ich *schätze es* nicht, *wenn man mir nicht die Wahrheit sagt*. (=Ich mag es überhaupt nicht.)

**es*는 *wenn man mir nicht die Wahrheit sagt*를 앞에서 미리 받아주는 '상관사 Korrelat'이다.

- 모든 대학생들은 이 교수님을 존경한다.
  - ▶ Alle Studenten *schätzen* diesen Professor. (=Sie mögen ihn, sie finden ihn sympathisch.)

abschätzen

- 나는 그 거리를 정확하게 평가할 수 없다.
  - ▶ Ich kann die Entfernung nicht *abschätzen*. (=Ich kann sie nicht genau bestimmen/schätzen.)

einschätzen

- 그 늙은 여자는 이 사기꾼을 똑바로 평가했다.
  - ▶ Die alte Dame hat diesen Betrüger richtig *eingeschätzt*. (=Sie hat ihn richtig bewertet.)

- 나는 당신의 친절을 높게 평가합니다.
  - ▶ Ich *schätze* Ihre Freundlichkeit hoch *ein*. (=Sie ist mir viel wert.)

überschätzen

- 너의 힘을 과대평가하지 말아라!
  - ▶ *Überschätze* deine Kräfte nicht! (=Denke nicht, sie seien größer, als sie es sind.)

unterschätzen

- 그 정치가는 그의 적/반대자들을 과소평가했다.
  - ▶ Der Politiker hat seine Gegner *unterschätzt*. (=Sie waren nicht so schwach, wie er glaubte.)

verschätzen

- 나는 집의 건축비를 잘못 책정했다.
  - ▶ Ich habe *mich* bei dem Hausbau schwer *verschätzt*. (=Ich habe nicht richtig kalkuliert, der Bau wurde viel teurer.)

094
schauen vs. anschauen vs. aufschauen vs. ausschauen vs. beschauen vs. durchschauen vs. dreinschauen vs. nachschauen vs. überschauen vs. umschauen vs. zuschauen

schauen

- 너는 거리를 건너가기 전에, 먼저 왼쪽으로 그리고 다음에 오른 쪽으로 살펴보아라!
  - ▶ *Schau* erst nach links und dann nach rechts, bevor du über die Straße gehst! (=Sieh nach beiden Seiten.)

auf etw./jn. ~

- 그는 시계를 쳐다보았다, 왜냐하면 그는 시각이 얼마나 되었는지 알고자했기 때문이다.
  - ▶ Er *schaute auf* die Uhr, denn er wollte wissen, wie spät es ist.

anschauen

- 우리는 그 사진들을 자세히 보았다.
  - ▶ Wir haben *uns* die Photos *angeschaut*. (=Wir sahen sie an.)

- 너의 게으름을 더 이상 좌시하지 않겠다.

▶ Lange werde ich mir deine Faulheit nicht mehr *anschauen*! (=Meine Geduld ist bald zu Ende. U.)

aufschauen

| von etw. ~ |

• 아버지는 그의 일에서 머리를 들어 위로 쳐다본다.
▶ Der Vater *schaut* von seiner Arbeit *auf*. (=Er hebt den Kopf.)

| zu jm./etw. ~ |

• 그 애들은 그들의 아버지를 향해 위로 쳐다보았다/그들의 아버지를 존경했다.
▶ Die Kinder *schauten* zu ihrem Vater *auf*. (Sie sahen hinauf zu ihm, denn er war größer als sie. Oder: Sie verehrten ihn.)

ausschauen

• 너는 아파 보인다.
▶ Du *schaust* krank *aus*. (=Du wirkst krank. U.)

• 점심식사는 어떻게 되었니?
▶ Wie *schaut* es *mit* dem Mittagessen *aus*? (=Wie steht es damit? U.)

| nach etw. ~ |

• 그 신사는 택시 한대를 찾고 있다.
▶ Der Herr *schaut nach* einem Taxi *aus*. (=Er sucht eines.)

beschauen

• 그 소녀는 거울안의 자신을 오랫동안 관찰했다.

▶ Das Mädchen *beschaute* sich im Spiegel. (=Sie sah sich lange und gründlich an.)

durchschauen

① trennbar

- 그 망원경을 쥐고 그것을 통해서 보아라
  ▶ Nimm das Fernglas und *schau durch*! (=Sieh durch das Glas!)

② untrennbar

- 그 상인은 그 사기꾼의 정체를 즉시 알아보았다.
  ▶ Der Kaufmann *durchschaute* den Betrüger sofort. (Er erkannte sofort, dass es ein Betrüger war.)

dreinschauen

- 그는 친절한 표정을 지었다.
  ▶ Er *schaute* freundlich *drein*. (=Er machte ein freundliches Gesicht.)

nachschauen

- 누가 문에 있는지 살펴보아라!
  ▶ *Schau nach*, wer an der Tür ist. (=Geh und sieh!)

- 나는 언제 그 기차가 도착하는지 기차시간표를 살펴본다.
  ▶ Ich *schaue* im Kursbuch *nach*, wann der Zug ankommt. (Ich suche die Ankunftszeit.)

jm. ~

- 우리는 그 기차를 전송했다.
  ▶ Wir *schauten* dem Zug *nach*. (=Wir folgten ihm mit den Augen.)

```
etw. ~
```

- 당신은 제동장치를 점검시켜야 한다.

  ▶ Sie müssen die Bremsen *nachschauen* lassen. (=Sie müssen sie kontrollieren lassen.)

überschauen

- 이 지점에서부터 당신은 그 도시 전체를 다 조망할 수 있다.

  ▶ Von diesem Punkt aus *überschauen* Sie die ganze Stadt. (=Sie können die ganze Stadt sehen.)

- 나는 내가 일요일에 시간이 있을지 아직 알 수 없다.

  ▶ Ich kann noch nicht *überschauen*, ob ich am Sonntag Zeit habe. (=Ich weiß es noch nicht.)

umschauen

```
sich ~
```

- 시골에서 잘 둘러보아라!

  ▶ *Schau dich* im Land gut *um*! (=Versuche, recht viel zu sehen!)

```
sich nach jm. ~
```

- 모든 사람들이 눈에 띄게 옷을 입은 그 여인을 돌아보았다.

  ▶ Alle Leute *schauten sich nach* der auffällig gekleideten Dame *um*. (=Sie sahen ihr nach.)

```
sich nach etw. ~
```

- 그 대학생은 휴가동안에 할 일을 찾고 있다.

▶ Der Student *schaut sich nach* einer Ferienarbeit *um*. (=Er sucht eine Arbeit.)

 zuschauen

- 나는 미장이들이 일을 하는 것을 쳐다본다.
▶ Ich *schaue* den Mauern bei ihrer Arbeit *zu*. (=Ich beobachte sie bei der Arbeit.)

095

scheitern

 scheitern

- 그 배는 그 암초들에서 좌초했다.
▶ Das Schiff ist an den Klippen *gescheitert*. (=Es verunglückte. Es erlitt Schiffbruch.)

- 북극탐험을 시도하고자 하는 그의 계획은 돈이 부족하여 실패했다.
▶ Sein Plan, eine Nordpolexpedition zu unternehmen, ist *an* Geldmangel *gescheitert*. (Der Plan konnte nicht realisiert werden, weil er kein Geld hatte.)

096

schenken vs. ausschenken vs. beschenken vs. einschenken vs. verschenken

schenken

- 나는 너에게 성탄절에 외투 한 벌을 선물한다.
  ▶ Ich *schenke* dir zu Weihnachten einen Mantel.

- 제발, 내 말에 귀 기울여 주십시오!
  ▶ Bitte, *schenken* Sie mir Ihre Aufmerksamkeit! (=Hören Sie gut zu!)

ausschenken

- 이 음식점은 맥주를 팔아서는 안 됩니다.
  ▶ Dieses Restaurant darf kein Bier *ausschenken*. (=Es darf kein Bier verkaufen, es hat keine Konzession.) (nur von Getränken.)

beschenken

- 그 젊은 부부는 많은 선물을 받았다.
  ▶ Das junge Paar wurde reich *beschenkt*. (=Es bekam viele Geschenke.)

einschenken

- 내가 당신에게 한 잔의 포도주를 따라주어도 좋은가?
  ▶ Darf ich Ihnen noch ein Glas Wein *einschenken*? (=Darf ich Ihr Glas mit Wein füllen?)

- 제발, 나에게 진실을 말해주세요!
  ▶ Bitte, *schenken* Sie mir *reinen Wein ein*! (=Sagen Sie mir, wie die Sache wirklich ist! Sagen Sie mir die Wahrheit! I.)

verschenken

- 나는 이 외투를 누군가에게 주어버리겠다.
  - ▶ Diesen Mantel werde ich *verschenken*. (=Ich werde ihn jemandem geben.)

097

schicken vs. abschicken vs. ausschicken vs. einschicken vs. verschicken vs. vorausschicken vs. zuschicken

schicken

- 어머니는 그녀의 아들에게 소포 한 개를 보낸다.
  - ▶ Die Mutter *schickt* ihrem Sohn ein Paket. (=Sie sendet es ihm.)

- 뮬러 부인은 그녀의 남편을 그 약국으로 보낸다.
  - ▶ Frau Müller *schickt* ihren Mann in die Apotheke. (=Sie sagt ihm, er solle in die Apotheke gehen.)

- 우리는 의사를 불러오게 누군가를 심부름 보낸다.
  - ▶ Wir *schicken* nach dem Arzt. (=Wir lassen den Arzt holen.)

`sich ~`

- 그것은 적합하지 않다.
  - ▶ Das *schickt sich* nicht. (=Das gehört sich nicht. Das tut man nicht.)

`sich in etw. ~`

- 너는 너의 운명을 감수해야 한다.
  - ▶ Du musst *dich in* dein Schicksal *schicken*. (=Du musst es annehmen. Du kannst es nicht ändern.)

abschicken

- 나는 그 소포를 내일 발송한다.
  ▶ Ich *schicke* das Paket morgen *ab*. (=Ich gebe es zur Post.)

ausschicken

- 그 회사는 대리인들을 도처로 보낸다.
  ▶ Die Firma *schickt* Vertreter *aus*. (=Sie lässt sie in alle Richtungen reisen.)

einschicken

- 그 상금공모에서는 10만개의 답들이 보내어졌다.
  ▶ Bei dem Preisausschreiben wurden 100000 Lösungen *eingeschickt*. (=Man sandte die Lösungen an den Veranstalter.)

- 의사는 혈액검사용 혈액을 조사하도록 실험실에 보낸다.
  ▶ Der Arzt *schickt* eine Blutprobe zur Untersuchung ein.

verschicken

- 우리는 초대장들을 이미 발송했다.
  ▶ Wir haben die Einladungen schon *verschickt*. (=Wir haben sie abgesandt.)

vorausschicken

- 그들은 남아메리카로 비행기를 타고 갔었고, 그 큰 짐을 선박 편으로 미리 부쳤었다.
  ▶ Sie waren nach Südamerika geflogen und hatten das große Gepäck mit dem Schiff *vorausgeschickt*. (=Sie hatten es früher abgeschickt.)

- 나는 내 이야기에 나오는 모든 이름들을 마음대로 고안해내었다는 사실을 미리 말해두어야 합니다.
  - ▶ Ich muss *vorausschicken*, dass ich alle Namen in meiner Geschichte frei erfunden habe. (=Ich möchte das vorher, als Einleitung, sagen.)

zuschicken

- 냉장고들의 가격표들을 저에게 송부해주십시오!
  - ▶ *Schicken* Sie mir die Preisliste für Kühlschränke *zu*! (=Besonders in Geschäftsbriefen: Senden Sie sie mir.)

schleppen vs. abschleppen vs. einschleppen vs. verschleppen

schleppen

- 뮬러씨는 그 무거운 자루들을 힘들여 나른다.
  - ▶ Herr Müller *schleppt* die schweren Säcke. (=Er trägt eine schwere Last.)

- 통행인들은 그 도둑을 경찰서로 끌고 간다.
  - ▶ Die Passanten *schleppten* den Dieb zur Polizei. (=Sie bringen ihn gegen seinen Willen dorthin.)

- 조심해, 외투가 땅바닥에 질질 끌린다.
  - ▶ Vorsicht, der Mantel *schleppt*. (=Er berührt beim Tragen den Boden.)

- 조각배들은 한 모터보트에 의해 예인되었다.
  - ▶ Die Kähne wurden von einem Motorboot *geschleppt*. (=Sie wurden gezogen.)

- 그 병든 남자는 간신히 욕실로 몸을 끌고 갔다.
  ▶ Der Kranke *schleppte sich* mühsam ins Badezimmer. (=Er war so krank, dass er kaum gehen konnte.)

abschleppen

- 그 차는 견인되어야 했다.
  ▶ Das Auto musste *abgeschleppt* werden.

> sich mit etw. ~

- 나는 그 무거운 가방들을 힘들여 직접 들고 가기를 원하지 않았기 때문에 택시 한 대를 잡았다.
  ▶ Ich nahm mir ein Taxi, denn ich wollte *mich* nicht *mit* den schweren Koffern *abschleppen*. (=ich wollte die schweren Koffer nicht tragen.)

einschleppen

- 그 병은 선원들에 의해 국내로 옮겨 들어왔다.
  ▶ Diese Krankheit ist von Matrosen *eingeschleppt* worden. (=Sie haben sie ins Land gebracht. (Immer von etwas Unangenehmem).)

verschleppen

- 그 애들이 내 가방을 끌고 가버렸다.
  ▶ Die Kinder haben meine Tasche *verschleppt*. (=Sie haben sie weggetragen, und ich weiß nicht, wohin. U.)

- 많은 사람들이 그들의 고향으로부터 강제로 다른 나라로 끌려갔다.
  ▶ Viele Menschen wurden aus ihrer Heimat *verschleppt*. (=Sie wurden

mit Gewalt in ein anderes Land gebracht.)

- 그는 소송의 시간을 끌려고 시도한다.
  > Er versucht, den Prozess zu *verschleppen*. (=Er zieht ihn in die Länge, um Zeit zu gewinnen.)

- 감기와 같은 질병들은 질질 끌면 안 된다.
  > Erkältungskrankheiten soll man nicht *verschleppen*. (=Man muss schnell etwas dagegen tun.)

099

schrecken vs. abschrecken vs. aufschrecken vs. erschrecken vs. zurückschrecken vs. zusammenschrecken

schrecken

- 그 노루는 놀랐다.
  > Das Reh *schreckte*.

- 일이 나를 겁주지 않는다.
  > Arbeit *schreckt* mich nicht. (=Ich habe keine Angst davor.)

 jn. mit etwas ~

- 그는 나에게 위협들로 겁주려 하였다.
  > Er wollte mich *mit* Drohungen *schrecken*. (=Er wollte mir Angst machen.)

abschrecken

- 그의 나쁜 경험들이 나를 겁먹게 하여 이 호텔에서 잠을 자지 않도록 했다.

▶ Seine schlechten Erfahrungen *schreckten* mich davon *ab*, in diesem Hotel zu übernachten.

- 높은 형량으로도 그 범죄자들은 겁먹고 물러서지 않는다.
  ▶ Auch durch hohe Strafen lassen sich die Verbrecher nicht *abschrecken*. (=Trotz der Strafen begehen sie Verbrechen.)

aufschrecken

- 그 잠자던 남자는 깜짝 놀라 일어섰다.
  ▶ Der Schlafende *schreckte auf*. (=Er erwachte plötzlich.)

erschrecken

- 그 개가 그에게로 높이 뛰어 올랐기 때문에, 그 애를 깜짝 놀라게 했다.
  ▶ Der Hund *erschreckte* das Kind, weil er an ihm hochsprang. (=Er machte ihm Angst. Das Kind erschrak vor dem Hund.—Intransitiv stark: erschrickt, erschrak, ist erschrocken.)

zurückschrecken

vor etw. ~

- 나는 그 가격에 주춤 뒤로 물러섰다.
  ▶ Ich bin *vor* dem Preis *zurückgeschreckt*. (=Ich hatte nicht den Mut, soviel auszugeben.)

zusammenschrecken

- 나는 그 총소리를 들었을 때, 깜짝 놀랐다.

▶ Ich *schreckte zusammen*, als ich den Knall hörte. (=Ich zuckte zusammen, ich machte eine heftige Bewegung aus Angst.)

setzen vs. absetzen vs. ansetzen vs. aufsetzen vs. auseinandersetzen vs. aussetzen vs. beisetzen vs. besetzen vs. daransetzen vs. durchsetzen vs. einsetzen vs. entsetzen vs. ersetzen vs. festsetzen vs. fortsetzen vs. herabsetzen vs. hinaufsetzen vs. hinsetzen vs. hintansetzen vs. hinwegsetzen vs. hinzusetzen vs. niedersetzen vs. übersetzen vs. umsetzen vs. nachsetzen vs. versetzen vs. vorsetzen vs. widersetzen vs. zersetzen vs. zurücksetzen vs. zurückversetzen vs. zusammensetzen vs. zusetzen

setzen

① intransitiv

• 그 부대들이 도강한다.

▶ Die Truppen *setzen* über den Fluss. (=Sie überschreiten ihn.)

② etw. ~

• 그 정원사는 토마토들을 심는다.

▶ Der Gärtner *setzt* Tomaten. (=Er pflanzt sie.)

• 그 신문은 인쇄가 준비된다.

▶ Die Zeitung wird in der Setzerei *gesetzt*. (=Der Druck wird vorbereitet. Aus den Metallbuchstaben werden Wörter usw. gebildet.)

• 만약 그가 오지 않는 경우를 가정한다면, - 우리는 무엇을 해야 하는가?

▶ *Setzen* wir einmal *den Fall*, er kommt nicht - was tun wir dann?

(Nehmen wir es an, nehmen wir es als Hypothese, was tun wir dann? I.)

3 jm. etw. ~
- 그 가정주부는 세입자에게 3일의 유예기간을 주었다.
  ▶ Die Hausfrau hat dem Mieter eine Frist von drei Tagen *gesetzt*. (=Er muss bis dahin bezahlt haben.)

4 etw./jn. an einen Ort bringen
- 어머니는 그 애를 의자에 앉게 한다.
  ▶ Die Mutter *setzt* das Kind auf den Stuhl.

- 여자요리사는 그 냄비를 불 위에 놓는다.
  ▶ Die Köchin *setzt* den Topf auf das Feuer. (=Sie bringt ihn auf den Herd.)

- 그 대학생이 집을 구하는 광고를 신문에 내었다.
  ▶ Der Student *setzte* eine Wohnungsanzeige in die Zeitung. (=Er inserierte, er gab eine Anzeige auf.)

- 이 집에는 나는 다시는 발을 들여놓지 않겠다.
  ▶ In dieses Haus *setze* ich *keinen Fuß mehr*! (=Ich betrete es nicht mehr. I.)

- 가정주부는 (계약해제를 알려) 그 세입자를 길 위에 나가게 했다.
  ▶ Die Hausfrau hat den Mieter *auf die Straße gesetzt*. (=Sie kündigte ihm die Wohnung. I.)

5 jn./etw. in eine Lage bringen
- 어떻게 이 기계는 작동되느냐/작동이 멈추어지느냐?

▶ Wie wird diese Maschine *in/außer Betrieb gesetzt*? (=Wie schaltet man sie ein/aus?)

• 방화범이 그 집을 불 질렀다.
▶ Der Brandstifter hat das Haus *in Brand gesetzt*. (=Er hat es angezündet. I.)

• 나를 강요하려고 시도하지 마세요!
▶ Versuchen Sie nicht, mich *unter Druck zu setzen*! (=Versuchen Sie nicht, mich zwingen zu wollen. I.)

• 당신의 태도는 나를 놀라게 한다.
▶ Ihr Benehmen *setzt/versetzt* mich *in Erstaunen*. (=Es macht mich staunen.)

• 당신은 당신의 사장에게 당신의 결심을 알렸느냐?
▶ Haben Sie Ihren Chef schon von Ihrem Entschluss *in Kenntnis gesetzt*? (=Haben Sie ihn davon informiert? I.)

• 그 법률은 무효화되었다.
▶ Das Gesetz wurde *außer Kraft gesetzt*. (=Es gilt jetzt nicht mehr.)

6 etw. auf etw. ~

• 나는 이 말에 걸겠다.
▶ Ich *setze auf* dieses Pferd. (=Ich wette, es wird gewinnen.)

• 그 상인은 모든 것을 카드 한 장에 걸었다.
▶ Der Kaufmann hat alles *auf eine Karte gesetzt*. (=Er riskiert alles. I.)

• 그 애를 구하기 위해 그 소방관은 그의 생명을 위험에 처하게 했다.

▶ Um das Kind zu retten, hat der Feuerwehrmann sein Leben *aufs Spiel gesetzt*. (=Er hat es gewagt, er brachte sich selbst in Gefahr. I.)

7 sich ~

- 그 대학생들은 풀밭에 앉았다.
  ▶ Die Studenten haben *sich* ins Gras *gesetzt*.

- 그 상인은 연금생활로 들어갔다.
  ▶ Der Kaufmann *setzte sich zur Ruhe*. (=Er wollte nicht mehr arbeiten. Er ging in Pension. I.)

- 그녀는 성악을 공부하려고 굳게 결심했다.
  ▶ Sie hat *es sich in den Kopf gesetzt*, Gesang zu studieren. (=Es ist ihr fester Plan. Sie will es unbedingt. I.)

- 그 기차는 움직이기 시작했다.
  ▶ Der Zug *setzte sich in Bewegung*. (=Er begann zu fahren.)

absetzen

- 100미터마다 그는 그 무거운 가방을 땅에 놓고 쉬어가야 했다.
  ▶ Alle hundert Meter musste er den schweren Koffer *absetzen*. (=Er konnte ihn nicht die ganze Strecke auf einmal tragen, er musste ihn auf den Boden stellen.)

- 저 코너에서 날 내려주세요!
  ▶ Bitte *setzen* Sie mich an der Ecke *ab*! (=Lassen Sie mich dort aussteigen.)

- 그 왕은 혁명가들에 의해 하야 당했다.

▶ Der König wurde von den Revolutionären *abgesetzt*. (Ant.: einsetzen)

• 그 제조업자는 상품들을 팔 수 없었다.

▶ Der Fabrikant konnte die Waren nicht *absetzen*. (=Er konnte sie nicht verkaufen.) (Meist von größeren Mengen)

> etw. von etw. ~

• 그 지배인은 한 문제를 의사일정에서 제외시켰다.

▶ Der Geschäftsführer *setzte* einen Punkt *von* der Tagesordnung *ab*. (=Er strich ihn. Darüber wurde nicht gesprochen.)

• 그 차를 위한 비용들은 세금에서 공제할 수 있다.

▶ Die Kosten für den Wagen kann man von der Steuer *absetzen*. (=Man kann sie von der Summe abziehen, für die man Steuern bezahlen muss.)

*독일어 *man*은 우리말로 반드시 번역할 필요는 없다.

ansetzen

• 그 운동선수는 도약할 준비를 한다.

▶ Der Sportler *setzt* zum Sprung *an*. (=Er macht sich bereit. Gleich wird er springen.)

• 그는 방금 말하기 시작했다.

▶ Er *setzte* gerade *an zu* sprechen. (=Er wollte gerade etwas sagen.)

• 그 협상은 언제로 예정되어 있는가?

▶ Für wann ist die Verhandlung *angesetzt*? (=Wann soll sie stattfinden?)

aufsetzen

- 비행기가 부드럽게 착륙한다.
  ▶ Das Flugzeug *setzt* weich *auf*. (=Es landet.)

- 나는 한 모자를 쓴다.
  ▶ Ich *setze* einen Hut *auf*.

- 나는 감자들을 삼기위해 가스/전기 레인지에 올렸다.
  ▶ Ich habe die Kartoffeln *aufgesetzt*. (=Ich setzte sie zum Kochen auf den Herd.)

- 그는 친절한 표정을 지었다.
  ▶ Er *setzte* eine freundliche Miene *auf*. (=Er machte ein freundliches Gesicht. I.)

sich ~

- 그 환자는 병상에서 일어섰다.
  ▶ Der Kranke *setzte sich auf*. (=Er richtete sich im Bett auf.)

auseinandersetzen

- 선생님은 그 학생들을 떼어놓았다.
  ▶ Der Lehrer *setzte* die Schüler *auseinander*. (=Er trennte sie.)

jm. etw. ~

- 그 건축가는 나에게 그의 계획을 자세히 설명한다.
  ▶ Der Architekt *setzt* mir seine Pläne *auseinander*. (=Er erklärt sie mir genau.)

sich mit etw./jm. ~

- 이 이론에 대해서는 나는 우선 조용히 철저히 검토해보아야 한다.
  ▶ *Mit* dieser Theorie muss ich *mich* erst einmal in Ruhe *auseinandersetzen*. (=Ich muss mich damit gründlich beschäftigen.)

aussetzen

- 갑자기 전기가 나갔다.
  ▶ Plötzlich *setzte* der Strom *aus*. (=Plötzlich war der Strom unterbrochen.)

- 잠깐 동안 페터는 축구경기를 중단해야 한다.
  ▶ Für einige Zeit muss Peter mit dem Fußballspielen *aussetzen*. (=Er muss eine Pause machen.)

- 최선의 작업에 대해 현상금이 내걸렸다.
  ▶ Für die beste Arbeit wurde ein Preis *ausgesetzt*. (=Die beste Arbeit soll einen Preis bekommen.)

jn./sich einer Sache ~

- 이 열대식물은 추위에 노출시켜서는 안 된다.
  ▶ Diese tropische Pflanze darf man nicht der Kälte *aussetzen*. (=Man darf sie nicht in die Kälte bringen, weil sie ihr schadet.)

- 그는 차에 치일 위험에 자신을 노출한다.
  ▶ Er *setzt sich* der Gefahr *aus*, überfahren zu werden. (=Er bringt sich in Gefahr.)

- 교수님은 나의 작업에 대해 비판할 것이 많았다.
  ▶ Der Prof. hatte *an* meiner Arbeit viel *auszusetzen*. (=Er fand viel zu

kritisieren, er war nicht zufrieden.)

beisetzen

- 사람들은 그 작가를 그의 고향도시에 묻었다.
  ▶ Man hat den Dichter in seiner Heimatstadt *beigesetzt*. (=Er wurde dort beerdigt.)

besetzen

- 적이 그 도시를 점령했다.
  ▶ Der Feind *besetzte* die Stadt. (=Er eroberte sie, und blieb dort.)

- 우리가 가장 좋은 자리들을 차지했다.
  ▶ Wir hatten die besten Plätze *besetzt*. (=Die Plätze waren nicht mehr frei, denn wir saßen darauf.)

daransetzen

- 나는 모든 힘을 다해 그 시험에 합격하려고 노력한다.
  ▶ Ich *setze* alles *daran*, die Prüfung zu bestehen. (=Ich versuche es mit allen Kräften.)

durchsetzen

1 trennbar
- 우리는 우리의 의지를 관철시킨다.
  ▶ Wir *setzen* unseren Willen *durch*. (=Wir erreichen, was wir gewollt haben.)

2 untrennbar

- 그 혁명가들은 국민을 그들의 이념들로 가득 채우려고 시도했다.
  - ▶ Die Revolutionäre versuchten, das Volk mit ihren Ideen zu *durchsetzen*. (=Sie wollten ihre Ideen überall hinbringen, das Volk damit füllen.)

einsetzen

- 바이올린들이 연주하기 시작한다.
  - ▶ Die Geigen *setzen ein*. (=Sie beginnen zu spielen.)

- 유리세공인이 새 유리판을 끼웠다.
  - ▶ Der Glaser hat eine neue Scheibe *eingesetzt*. (=Er hat eine neue Scheibe in den Rahmen gesetzt.)

- 제발 빠진 단어들을 끼워 넣으시오!
  - ▶ Bitte *setzen* Sie die fehlenden Wörter *ein*! (=Schreiben Sie sie in die freien Stellen.)

- 사장은 대리를 임명했다.
  - ▶ Der Direktor *setzte* einen Stellvertreter *ein*. (=Er bestimmte einen Vertreter.)

- 그는 그의 목표를 달성하기위해 모든 수단을 동원한다.
  - ▶ Er *setzte* alle Mittel *ein*, um sein Ziel zu erreichen. (=Er gebrauchte alle Mittel.)

sich für jn./etw. ~

- 장관은 세금인하를 위해 투쟁한다.
  - ▶ Der Minister *setzt sich für* eine Steuersenkung *ein*.

entsetzen

- 그의 불행에 관해 듣는 것은 나를 놀라게 한다.
  ▶ Es *entsetzt* mich, von seinem Unglück zu hören.

- 우리는 그 재난의 사진들을 보고 깜짝 놀랐다.
  ▶ Wir *entsetzten uns über* die Bilder von der Katastrophe.

ersetzen

- 우편마부는 철도로 대체되었다.
  ▶ Die Postkutsche wurde durch die Eisenbahn *ersetzt*. (=Die Eisenbahn trat an ihre Stelle.)

festsetzen

- 경찰은 피의자를 체포하였다.
  ▶ Die Polizei hat die verdächtige Person *festgesetzt*. (=Sie brachte den Verdächtigen ins Gefängnis.)

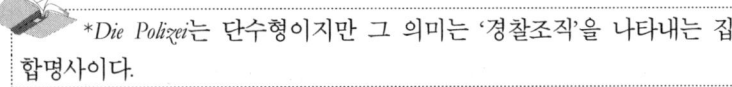
*Die Polizei*는 단수형이지만 그 의미는 '경찰조직'을 나타내는 집합명사이다.

- 호텔사장은 방값들을 확정한다.
  ▶ Der Hoteldirektor *setzt* die Zimmerpreise *fest*.

fortsetzen

- 함부르크에서 한 번 쉰 후에 우리는 여행을 계속했다.
  ▶ Nach einer Unterbrechung in Hamburg *setzten* wir unsere Reise *fort*.

- 다음 권에서 소설은 계속된다.

▶ In der nächsten Nummer wird der Roman *fortgesetzt*.

herabsetzen

- 상인들이 값들을 깎는다.
  ▶ Die Kaufleute *setzen* die Preise *herab*. (=Sie senken die Preise. Die Waren werden billiger.)

hinaufsetzen

- 겨울에는 상거래가 채소 값을 올린다.
  ▶ Im Winter *setzt* der Handel die Preise für Gemüse *hinauf*.

hinsetzen

sich ~

- 앉으세요!
  ▶ *Setzen Sie sich hin!* (=Nehmen Sie Platz!)

hintansetzen

- 그 장부계는 항상 자신의 이익을 회사의 이익보다 중요하지 않게 여겼다.
  ▶ Der Buchhalter *setzte* immer seine eigenen Interessen *hintan*.
  (Die Interessen der Firma waren ihm widitiger.
  Er stellte den Vorteil der Firma über den eigenen.)

hinwegsetzen

- 그 말들은 장애물을 뛰어넘는다.
  ▶ Die Pferde *setzen* über das Hindernis *hinweg*. (=Sie übersprangen es.)

> sich über etw. ~

- 그는 그 금지령을 무시했다.
  ▶ Er *setzte sich über* das Verbot *hinweg*. (=Er beachtete es nicht.)

hinzusetzen

- 내가 그 테마에 대해 몇마디 더 덧붙여도 되겠습니까?
  ▶ Darf ich noch einige Worte *hinzusetzen*?

niedersetzen

- 그는 그 잔을 내려놓았다.
  ▶ Er *setzte* das Glas *nieder*.

übersetzen

[1] trennbar

- 그 사공이 우리를 강을 건네주었다.
  ▶ Der Fährmann *setzte* uns *über*. (=Er brachte uns über den Fluss.)

[2] untrennbar

- 루터가 성경을 희랍어에서 독일어로 번역했다.
  ▶ Luther hat die Bibel aus dem Griechischen ins Deutsche *übersetzt*.

umsetzen

- 그 정원사가 그 관목을 옮겨 심는다.
  ▶ Der Gärtner *setzt* den Strauch *um*. (=Er pflanzt ihn an einen anderen Ort.)

- 성탄절연휴에 모든 가게들은 많은 매상을 올렸다.
  ▶ Zu Weihnachten haben alle Geschäfte viel *umgesetzt*. (=Sie haben viel verkauft.)

- 그는 모든 그의 계획들을 행동으로 옮긴다.
  ▶ Er *setzt* alle seine Pläne *in die Tat um*. (=Er realisiert sie. I.)

nachsetzen

- 그 개는 그 도둑을 쫓아갔다.
  ▶ Der Hund *setzte* dem Dieb *nach*. (=Er lief ihm nach.)

versetzen

1. geben

- 아버지가 그의 아들에게 뺨을 한 대 때렸다.
  ▶ Der Vater hat seinem Sohn eine Ohrfeige *versetzt*. (=Er gab ihm eine Ohrfeige. Er schlug ihn.)

- 너는 나를 깜짝 놀라게 했다.
  ▶ Du hast mir einen schönen Schreck *versetzt*! (=Du hast mich sehr erschreckt! U.)

2. etw./jn. an einen anderen Ort bringen

- 그 경계석들을 옮기는 것은 금지되어 있다.
  ▶ Es ist verboten, die Grenzsteine zu *versetzen*. (=Man darf ihre Lage nicht ändern.)

- 사람들이 나의 아들을 한 학년 진급시켰다.
  ▶ Man hat meinen Sohn *versetzt*. (=Er kam in die nächsthöhere Klasse.)

- 그 관리는 전출되었다.
  ▷ Der Beamte wurde *versetzt*. (=Er bekam einen anderen Arbeitsplatz.)
- 그 젊은이는 그의 시계를 전당포에 저당 잡혔다.
  ▷ Der junge Mann hat seine Uhr im Pfandhaus *versetzt*.

3 mischen: etw. mit etw. ~
- 그 포도주상인은 그 포도주를 물과 섞었다.
  ▷ Der Weinhändler hat den Wein *mit* Wasser *versetzt*.
- 그 비평가는 그 부정적 비평에 몇 마디 친절한 말들을 섞는다.
  ▷ Der Kritiker *versetzt* die negative Kritik *mit* einigen freundlichen Worten. (=Er mischte einige freundliche Worte dazwischen.)

4 jn./sich in etw. ~: 'jn. in einen seelischen Zustand bringen'
- 그 재난에 대한 소식은 전 도시의 주민들을 놀라게 했다.
  ▷ Die Nachricht von der Katastrophe *versetzte(setzte)* die ganze Stadt *in Schrecken*.

 *우리 말에서는 '그 재난에 대한 그 소식'이라고 하지는 않는다.

- 그의 갑작스런 출현은 우리를 놀라게 했다.
  ▷ Sein plötzliches Kommen *versetzte* uns *in Erstaunen*.
- 내 입장 한 번 되어봐!
  ▷ *Versetze dich in* meine Lage! (=Denke, du wärst an meiner Stelle! Versuche, mich zu verstehen!)

vorsetzen
- 우리는 우리 손님들에게 무엇을 대접하려고 하는가?

▶ Was wollen wir unseren Gästen *vorsetzen*? (=Was wollen wir ihnen zu essen anbieten?)

- 당신 차를 조금 더 앞으로 옮기시오!
  ▶ *Setzen* Sie Ihren Wagen etwas *vor*! (=Fahren Sie etwas weiter vor!)

widersetzen

sich jm. ~

- 그 도둑은 그가 체포될 대에 경찰에 항거했다.
  ▶ Bei seiner Verhaftung hat *sich* der Dieb der Polizei *widersetzt*. (=Er wehrte sich gegen die Verhaftung.)

zersetzen

- 녹은 철을 부식시킨다.
  ▶ Der Rost *zersetzt* das Eisen. (=Er zerstört/zerfrisst es.)

- 은밀한 불신이 우정을 파괴할 수 있다.
  ▶ Heimliches Misstrauen kann eine Freundschaft *zersetzen*. (=Das Misstrauen zerstört die Freundschaft von innen.)

zurücksetzen

- 그 차를 1 미터 더 뒤에 두시오!
  ▶ *Setzen* Sie den Wagen um einen Meter *zurück*! (=Fahren Sie einen Meter weiter nach hinten.)

- 나의 상관은 나를 항상 다른 사람보다 박대했다.
  ▶ Mein Chef hat mich immer *zurückgesetzt*. (=Er behandelte mich

immer schlechter als die anderen.)

zurückversetzen

- 이 노래는 나를 나의 젊은 시절로 도로 옮겨놓는다.
  ▶ Dieses Lied *versetzt* mich in meine Jugendzeit *zurück*.(=Es weckt Erinnerungen an diese Zeit.)

zusammensetzen

- 처음에 그 시계공은 그 시계를 분해했다, 지금에는 그는 그 시계를 다시 조립해야 한다.
  ▶ Zuerst hat der Uhrmacher die Uhr auseinandergenommen, jetzt muss er sie wieder *zusammensetzen*. (=Er fügt die Teile zusammen. Er bildet aus Teilen ein Ganzes.)

sich ~

- 모든 것에 대해 의논하기위해 우리 한 번 만날 수 있을까요?
  ▶ Können wir *uns* einmal *zusammensetzen*, um alles zu besprechen? (=Können wir uns nicht zu einem Gespräch treffen?)

- 독일 상원은 하원의 대표들과 주들의 대표들로 구성된다.
  ▶ Der Bundesrat *setzt sich aus* Vertretern des Bundestags und der Länder *zusammen*. (=Es wird von ihnen gebildet.)

zusetzen

- 너는 물을 더 주어야 할 것이다.
  ▶ Du solltest noch etwas Wasser *zusetzen*. (=Gib noch etwas Wasser dazu!)

- 사람들이 그 집을 팔라고 나에게 졸라댔다.
  ▶ Man hat mir sehr *zugesetzt*, das Haus zu verkaufen. (=Man hat mich sehr gedrängt.)

101
siegen vs. besiegen vs. versiegen

siegen

- 누가 그 축구경기에서 승리했는가?
  ▶ Wer hat in dem Fußballspiel *gesiegt*? (=Wer hat gewonnen?)

besiegen

- 우리 축구팀이 뉴른베르크팀을 이겼다.
  ▶ Unser Fußballverein hat den Klub aus Nürnberg *besiegt*. (=Wir waren die Sieger.)

versiegen

- 그 샘은 말라버렸다.
  ▶ Die Quelle ist *versiegt*. (=Es kommt kein Wasser mehr.)

102
sollen

sollen

- 나는 빵을 가져오라는 부탁을 받았다.
  - ▶ Ich *soll* Brot holen. (=Jemand hat mich geschickt; Jemand hat mir den Auftrag gegeben.)

- 애들은 그들의 방을 정돈해야만 했었다.
  - ▶ Die Kinder haben ihr Zimmer aufräumen *sollen*. (=Die Mutter hat es gesagt.)

- 그 연극공연은 아주 좋았음에 틀림없다.
  - ▶ Die Theateraufführung *soll* sehr gut gewesen sein. (=Ich habe gehört, dass sie gut war; die Leute sagen es.)

- 너는 더 조심스러워야 할 것이다.
  - ▶ Du *solltest* vorsichtiger sein. (=Ich rate es dir. Es wäre besser.)

103

sorgen vs. sich sorgen vs. aussorgen vs. besorgen vs. umsorgen vs. versorgen vs. vorsorgen

| für jn./etw. ~ : '누구/무엇을 돌보다' |

- 아들은 그의 노모를 돌본다.
  - ▶ Der Sohn *sorgt für* seine alte Mutter. (=Er gibt ihr Geld und was sie sonst braucht.)

- 경찰은 질서를 돌본다.

▶ Die Polizei *sorgt für* Ordnung. (=Sie schafft und erhält die Ordnung.)

- 교수님은 그 대학생들의 숙박을 조달하였다.
  ▶ Der Prof. hat *für* die Unterbringung der Studenten *gesorgt*. (=Er hat Zimmer beschafft.)

sich um jn./etw. ~ : '...에 대해 걱정하다'

- 그 어머니는 그 병든 아이에 대해 걱정한다.
  ▶ Die Mutter *sorgt sich um* das kranke Kind. (=Sie hat Angst um das Kind.)

aussorgen (완료형으로만 사용됨)

- 내가 로또에서 한 번 당첨되기만 하면, 나는 한평생 아무 걱정이 없을 것이다.
  ▶ Wenn ich erst einmal im Lotto gewinne, habe ich *ausgesorgt*. (=Dann werde ich mein ganzes Leben lang keine Sorge mehr haben.)

besorgen

"besorgen 1 etwas beschaffen
besorgen 2 sich um etwas kümmern
besorgen 3 etwas erledigen"(VALBU, S. 248)

besorgen 1 ('etwas beschaffen')

- 나는 아직 나를 위해 담배들을 더 사야한다.
  ▶ Ich muss mir noch Zigaretten *besorgen*. (=Ich muss welche kaufen.)

- 당신은 나에게 방 한 개를 조달해줄 수 있느냐?
  ▶ Können Sie mir ein Zimmer *besorgen*? (=Können Sie ein Zimmer

für mich finden?)

- 내가 너의 입장권을 구해주어야만 할까?
  ▶ Soll ich dir die Eintrittskarten *besorgen*? (VALBU, S. 248)

besorgen 2 ('sich um etwas kümmern')

- 한 가정부가 그 집을 관리한다.
  ▶ Eine Haushälterin *besorgt* das Haus. (=Sie hält es in Ordnung. Sie führt den Haushalt.)

besorgen 3 ('etwas erledigen')

- 점심식사 때문에 나를 기다리지 마라, 나는 시내에서 처리할 일이 아직 많이 남아 있다: 어머니에게 줄 선물을 한 개 골라야하고, 은행에 가야 하고, 재무부에서 서식 용지 한 부를 가져와야만 한다.
  ▶ Warte nicht mit dem Mittagessen auf mich, ich habe noch eine Menge in der Stadt zu *besorgen*: ein Geschenk für meine Mutter aussuchen, zur Bank gehen und beim Finanzamt ein Formular abholen. (VALBU, S. 249)

- 대도시들에서는 점점 더 자주 자전거 파발꾼들이 업무용 우편물과 상품견본들의 운송을 처리한다.
  ▶ Immer häufiger *besorgen* in den Großstädten Fahrradkuriere den Transport von Geschäftspost und Warenproben. (VALBU, S. 249)

umsorgen

- 그 손녀는 할머니를 극진히 돌보았다.
  ▶ Die Enkelin *umsorgte* die Großmutter. (=Sie kümmerte sich liebevoll um sie.)

versorgen

- 농부는 그 동물들을 사육한다.
  ▶ Der Bauer *versorgt* die Tiere. (=Er gibt ihnen, was sie brauchen. Er füttert und tränkt sie.)

- 바이스씨는 그의 부인을 잘 부양하였다.
  ▶ Herr Weiß hat seine Frau gut *versorgt*. (=Wenn er stirbt, wird sie genug Geld haben, um gut leben zu können.)

> jn. mit etw. ~

- 초대자는 그의 손님들에게 음료수들을 대접한다.
  ▶ Der Gastgeber *versorgt* seine Gäste *mit* Getränken. (=Er gibt ihnen etwas zu trinken.)

- 전기 발전소들이 주민들에게 전기를 제공한다.
  ▶ Die Elektrizitätswerke *versorgen* die Bevölkerung *mit* Strom. (=Sie liefern den Strom.)

vorsorgen

- 그 영리한 남자는 미리 모든 가능성에 대비한다.
  ▶ Der kluge Mann *sorgt vor*! (=Er rechnet mit allen Möglichkeiten. U.)

- 저축들과 보험들로 나는 나의 노후를 미리 대비하였다.
  ▶ Durch Ersparnisse und Versicherungen habe ich für mein Alter *vorgesorgt*. (=Ich habe rechtzeitig an mein Alter gedacht und dafür gesorgt, dass ich keine Not leiden muss.)

104
sparen vs. ersparen

sparen

- 우리는 차 한대를 사기위한 돈을 저축했다.
  ▶ Wir haben Geld für einen Wagen *gespart*.

- 현대적 기계들로 사람들은 시간과 힘을 절약할 수 있다.
  ▶ Mit modernen Maschinen kann man Zeit und Kraft *sparen*.

ersparen

- 그는 절약을 통해 한 재산을 모았다.
  ▶ Er hat *sich* ein Vermögen *erspart*. (=Er ist durch Sparsamkeit reich geworden.)

  **sich ersparen*은 '무연 재귀구조'로서 숙어적 결합이고, *sich*^{3}는 생략이 가능하다.

- 너는 이 길을 생략할 수 있었을 텐데!
  ▶ Diesen Weg hättest du *dir ersparen* können. (=Er war überflüssig.)

- 제발, 모든 것을 다시 한 번 이야기해야하는 수고를 나에게서 들어주세요!
  ▶ Bitte, *ersparen* Sie *es mir*, alles noch einmal erzählen *zu* müssen! (=Lassen Sie es mich nicht noch einmal erzählen.)

  **es*는 alles noch einmal erzählen *zu* müssen '모든 것을 다시 한 번 이야기해야만 하는 것'을 앞에서 미리 받아주는 '상관사 Korrelat'이다.

spielen vs. abspielen vs. anspielen vs. aufspielen vs. einspielen vs. mitspielen vs. verspielen vs. vorspielen vs. überspielen vs. zuspielen

spielen

- 노이쓰씨는 테니스를 친다.
  ▶ Herr Neuß *spielt* Tennis. (=Er treibt diesen Sport.)

- 그 연극배우는 그의 역할을 잘 연기한다.
  ▶ Der Schauspieler *spielt* seine Rolle gut. (=Er stellt sie gut dar.)

- 그것은 아무런 역할도 하지 않는다.
  ▶ Das *spielt* keine *Rolle*! (=Es ist nicht wichtig. I.)

- 그는 위대한 인간인척 한다.
  ▶ Er *spielt* den großen Mann. (=Er tut, als ob er ein bedeutender Mann wäre.)

- 그 장편소설은 스페인이 무대이다.
  ▶ Der Roman *spielt* in Spanien. (=Dort ist der Ort der Handlung.)

mit etw./jm. ~

- 그 남자는 그 소녀를 진짜로 사랑한 것이 아니라 그 소녀와 단지 유희를 했다.
  ▶ Der Mann hat *mit* dem Mädchen nur *gespielt*. (=Seine Liebe war nicht echt.)

- 그는 한 쓸쓸한 섬으로 이주할 생각을 하고 있다.

▶ Er *spielt mit* dem Gedanken, auf eine einsame Insel zu ziehen. (=Er denkt daran, aber nicht im Ernst. I.)

• 제발, 숨기지 말고, 솔직하세요!
▶ Bitte, *spiele mit offenen Karten*! (=Sei ehrlich! U.)

um etw. ~

• 그들은 스카트 카드놀이에 많은 돈을 걸었다.
▶ Sie haben beim Skat *um* viel Geld *gespielt*. (=Man konnte viel gewinnen und viel verlieren.)

abspielen

• 우리는 녹음테이프를 끝까지 듣는다.
▶ Wir *spielen* das Tonband *ab*. (=Wir hören das Band.) (Nur für Tonbänder)

sich ~

• 아무도 그 사건이 어떻게 일어났는지 모른다.
▶ Niemand weiß genau, wie *sich* der Unfall *abgespielt* hat. (=Niemand weiß, wie er sich ereignet hat/wie er vor sich gegangen ist.)

anspielen

auf etw./jn. ~

• 그 관리는 그 시장과 맺고 있는 그의 우정을 넌지시 암시했다.
▶ Der Beamte *spielte auf* seine Freundschaft mit dem Bürgermeister *an*. (=Er erwähnte sie indirekt.)

aufspielen

- 한 악단이 춤을 위한 곡을 연주한다.
  - ▶ Eine Musikkapelle *spielt* zum Tanz *auf*. (=Sie macht Tanzmusik.)

    sich ~

- 그는 즐겨 보스인체 한다.
  - ▶ Er *spielt sich* gern als Chef *auf*. (=Er zeigt gern, dass er der Chef ist. Er macht sich wichtig.)

einspielen

- 이 작품으로 우리는 많은 돈을 벌어들일 것이다.
  - ▶ Mit diesem Stück werden wir viel Geld *einspielen*. (=Wir werden damit viel Geld verdienen.)

    sich ~

- 축구선수들은 우선 몸을 풀어야 한다.
  - ▶ Die Fußballspieler müssen *sich* erst *einspielen*. (=Sie müssen erst richtig in Gang kommen, sie müssen erst warm werden.)

- 사장과 그의 여러 해 된 여비서는 서로에 잘 적응하였다.
  - ▶ Der Chef und seine langjährige Sekretärin haben *sich* gut *aufeinander eingespielt*. (=Sie arbeiten gut zusammen.)

mitspielen

- 그 애는 성탄절동화에서 한 역할을 맡는다.
  - ▶ Das Kind *spielt* im Weihnachtsmärchen *mit*. (=Es hat eine Rolle.)

- 이 옳지 않은 일에 나는 가담하지 않겠다!
  ▶ Da *spiele* ich nicht *mit*! (=Bei dieser unrechten Sache mache ich nicht mit. U.)

- 한 사람의 판단에는 많은 것이 함께 작용한다.
  ▶ Bei der Beurteilung eines Menschen *spielt* vieles *mit*. (=Viele Dinge wirken zusammen.)

verspielen

- 그는 그의 전 재산을 노름에서 잃었다.
  ▶ Er *verspielte* sein ganzes Geld. (=Er verlor es bei einem Glücksspiel.)

vorspielen

- 그 작곡가는 나에게 그의 소나타를 연주했다.
  ▶ Der Komponist *spielte* mir seine Sonate *vor*. (=Er spielte sie für mich.)

überspielen

- 그는 그가 화가 났음을 능숙하게 감추었다.
  ▶ Er hat seinen Ärger geschickt *überspielt*. (=Er hat seinen Ärger nicht gezeigt.)

zuspielen

- 그 두 사업가들은 서로를 돌봐준다.
  ▶ Die beiden Geschäftsleute *spielen* sich die guten Geschäfte *zu*. (=Einer sorgt für den anderen.)

106
spitzen vs. überspitzen vs. zuspitzen

- 나는 내 연필을 뾰족하게 깎아야 한다.
  ▶ Ich muss meinen Bleistift *spitzen*.

- 그 개가 귀들을 쫑긋 세운다.
  ▶ Der Hund *spitzt* die Ohren. (=Er horcht aufmerksam.)

überspitzen

- 당신은 너무 과도한 요구들은 하지 마십시오!
  ▶ *Überspitzen* Sie Ihre Forderungen nicht! (=Übertreiben Sie nicht!)

zuspitzen

| sich ~ |

- 그 두 나라들 사이의 갈등은 첨예화된다.
  ▶ Der Konflikt zwischen den beiden Ländern *spitzt sich zu*. (=Er wird schärfer/gefährlicher)

107
stammen vs. abstammen

- 이 가족은 바이에른출신이다.

▶ Diese Familie *stammt aus* Bayern. (=Bayern ist ihre Heimat.)

• 그 시는 괴테의 작품이다.
▶ Das Gedicht *stammt von* Goethe.

*"출신/고향을 나타낼 때에는 전치사 *aus*가 오지만, '누구의 작품'인 가를 나타낼 때에는 전치사 *von*이 오는 차이가 있음을 확인할 수 있다.

abstammen

| von jm./etw. ~ |

• 개는 늑대의 후손이다.
▶ Der Hund *stammt vom* Wolf *ab*. (=Der Wolf ist der Vorfahre des Hundes.)

• Kaiser란 단어는 Cäsar란 단어에서 유래한다.
▶ Das Wort Kaiser *stammt von* dem Wort Cäsar *ab*. (=Es kommt daher.)

108
staunen vs. anstaunen vs. bestaunen vs. erstaunen

staunen

| über etw./jn. ~ |

• 그 애들은 그 아름다운 선물들에 대해 감탄했다.
▶ Die Kinder *staunten über* die schönen Geschenke. (=Sie bewunderten die Geschenke.)

• 나는 그의 뻔뻔함이 이해가 안 돼!

▶ Ich *staune über* seine Frechheit! (=Ich wundere mich darüber. Ich verstehe nicht, wie das möglich ist.)

anstaunen

• 애들이 그 배우를 감탄하며 쳐다보았다.

▶ Die Kinder *staunten* den Filmschauspieler *an*. (=Sie sahen ihn mit Bewunderung an.)

bestaunen

• 사람들은 이 업적을 감탄해야 한다.

▶ Man muss diese Leistung *bestaunen*. (=Man muss sich wundern, wie so etwas möglich ist.)

erstaunen

• 그 택시가 아직 그 곳에 와 있지 않았다는 사실이 나를 놀라게 한다.

▶ *Es erstaunt mich*, *dass* das Taxi noch nicht da ist. (=Ich verstehe es nicht.)

 *Es*는 *dass* das Taxi noch nicht da ist '그 택시가 아직 그 곳에 와 있지 않았다는 사실'을 주문장에서 미리 받아주는 '상관사 Korrelat'이다.

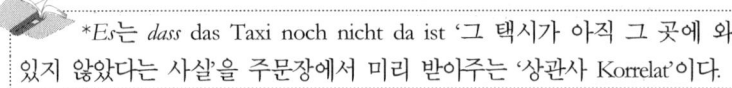

stecken vs. steckenbleiben vs. abstecken vs. anstecken vs. aufstecken vs. einstecken vs. umstecken vs. verstecken vs. zusammenstecken vs. zustecken

stecken

① intransitiv: etw. steckt an einem Ort

- 그 열쇠는 자물통 안에 꽂혀 있다.
  ▶ Der Schlüssel *steckt* im Schloß.

- 그 반지는 손가락에 끼여 있다.
  ▶ Der Ring *steckt* am Finger.

- 이 책은 많은 일을 요구했다.
  ▶ In diesem Buch *steckt* viel Arbeit. (=Es hat viel Arbeit gekostet)

- 너는 오후 내내 어디에 숨어 있었는가?
  ▶ Wo hast du den ganzen Nachmittag *gesteckt*? (=Wo bist du gewesen? U.)

- 그는 지금 시험 중이다.
  ▶ Er *steckt* gerade im Examen. (=Er macht gerade Examen)

- 마이어씨는 아주 많은 부채를 지고 있다.
  ▶ Herr Meier *steckt* bis über beide Ohren in Schulden. (=Er hat sehr viele Schulden. U.)

- 나는 이 일이 실제로는 무엇을 의미하는지 알고 싶다.
  ▶ Ich möchte wissen, was hinter dieser Sache *steckt*. (=Ich möchte wissen, was diese Sache wirklich bedeutet/was sich dahinter versteckt)

- 그 상인은 그 상점도둑과 공범이었다.
  ▶ Der Verkäufer *steckte* mit dem Ladendieb *unter einer* Decke. (=Sie machten gemeinsame Sache/Sie waren beide beteiligt. I.)

- 그 사내는 어리석은 생각들로 가득 차 있다.

▶ Der Junge *steckt* voller Dummheiten. (Er ist voll von Dummheiten. Er hat nur Dummheiten im Kopf. U.)

2 transitiv: jd. steckt etw. an einen Ort
- 나는 그 열쇠를 자물쇠에 꽂는다.
  ▶ Ich *stecke* den Schlüssel ins Schloß.
- 신랑은 신부에게 반지를 손가락에 끼워 준다.
  ▶ Der Bräutigam *steckt* der Braut den Ring an den Finger.
- 그 상인은 그의 전 재산을 그 회사에 투자했다.
  ▶ Der Kaufmann hat sein ganzes Geld in die Firma *gesteckt*. (=Sein Geld ist in der Firma.)
- 번개가 건초를 불나게 했다.
  ▶ Der Blitz hat das Heu *in Brand gesteckt*. (=Er hat es angezündet. I.)
- 다른 사람들의 관심사들에 간섭하지 마라!
  ▶ *Stecke* deine Nase nicht in anderer Leute Angelegenheiten! (=Kümmere dich nicht um das, was dich nichts angeht! U.)
- 너는 문제를 모르는 채 피해 갈 수는 없다.
  ▶ Du darfst *den Kopf nicht in den Sand stecken*. (=Du kannst mit Problemen nicht dadurch fertig werden, dass du sie ignorierst. I.)

steckenbleiben

- 우리 차가 눈 속에 쳐 박혀 있었다.
  ▶ Unser Wagen ist im Schnee *steckengeblieben*. (=Wir können nicht weiter fahren, weil er im Schnee festsitzt.)

abstecken

- 그 남자들은 그 부지에 경계표시를 한다.
  ▶ Die Männer *stecken* das Gelände *ab*. (=Sie bezeichnen die Grenzen.)

- 여자재단사는 그 옷의 길이를 핀으로 표시한다.
  ▶ Die Schneiderin hat die Länge des Kleides *abgesteckt*. (=Sie bezeichnet sie mit Stecknadeln.)

anstecken

- 장군은 그의 훈장들을 단다.
  ▶ Der General *steckt* seine Orden *an*. (=Er befestigt sie mit Nadeln. Er legt sie an.)

- 나는 내 파이프에 불을 붙인다.
  ▶ Ich *stecke* mir eine Pfeife *an*. (=Ich zünde sie an.)

- 페터는 유치원에서 홍역에 전염되었다.
  ▶ Peter hat *sich* im Kindergarten *mit* Masern angesteckt. (=Er hat die Krankheit von anderen Kindern bekommen.)

- 나는 게으름은 전염된다고 믿는다.
  ▶ Ich glaube, Faulheit *steckt an*. (=Wenn einer faul ist, werden die anderen auch faul.)

aufstecken

- 우리는 우리의 계획들을 포기해야했다.
  ▶ Wir mussten unsere Pläne *aufstecken*. (=Wir mussten sie aufgeben. U.)

einstecken

- 그 돈을 주머니에 꽂아 넣으세요!
  - ▶ *Stecken* Sie das Geld *ein*! (=Tun Sie es in die Tasche!)

umstecken

- 정원사는 그 무덤주위에 나뭇가지들을 꽂았다.
  - ▶ Der Gärtner hat das Grab mit Tannenzweigen *umsteckt*. (=Er hat die Zweige um das Grab herum gesteckt.)
- 그 정치가는 그의 전술이 잘못되었음을 알게 되었을 때, 그의 방법을 바꾸었다.
  - ▶ Als der Politiker sah, dass seine Taktik falsch war, hat er schnell *umgesteckt*. (=Er hat seine Methode geändert. U.)

verstecken

- 부모는 부활절에 색칠한 계란들을 애들을 위해 감춘다.
  - ▶ Die Eltern *verstecken* an Ostern bunte Eier für die Kinder.
- 그 소년은 한 나무 뒤에 숨었다.
  - ▶ Der Junge hat *sich* hinter einem Baum *versteckt*.
- 우리는 우리 업적을 숨길 필요가 없다.
  - ▶ Wir brauchen uns mit unseren Leistungen nicht zu *verstecken*.

zusammenstecken

- 그 재단사는 그 외투의 두 부분을 바늘로 꿰맨다.
  - ▶ Der Schneider *steckt* die beiden Teile des Mantels *zusammen*. (=Er steckt sie mit Nadeln aneinander.)

- 그 두 여인들은 항상 붙어 있다.
  ▶ Die beiden Frauen *stecken* täglich *zusammen*.

- 그 소녀들은 서로 속삭이기 위해 꼭 붙어 앉는다.
  ▶ Die Mädchen *stecken die Köpfe zusammen*. (=Sie setzen sich eng zusammen, um sich leise unterhalten zu können. I.)

zustecken

- 그 소녀는 그녀의 옷에 있는 찢어진 부분을 안전핀으로 봉했다.
  ▶ Das Mädchen *steckte* den Riss in ihrem Kleid mit einer Sicherheitsnadel *zu*.

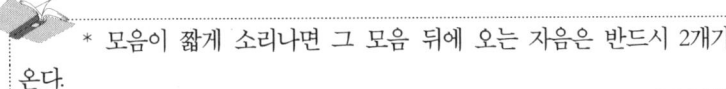
* 모음이 짧게 소리나면 그 모음 뒤에 오는 자음은 반드시 2개가 온다.

- 나의 아버지는 나에게 5유로를 남몰래 주었다.
  ▶ Mein Vater hat *mir fünf Euro zugesteckt*. (=Er hat mir das Geld heimlich gegeben.)

110

stellen vs. abstellen vs. anheimstellen vs. anstellen vs. aufstellen vs. ausstellen vs. bereitstellen vs. bestellen vs. abbestellen vs. darstellen vs. durchstellen vs. einstellen vs. entstellen vs. feststellen vs. freistellen vs. herausstellen vs. herstellen vs. wiederherstellen vs. hinstellen vs. kaltstellen vs. nachstellen vs. umstellen vs. unterstellen vs. verstellen vs. vorstrellen vs. zurückstellen vs. zusammenstellen vs. zustellen

stellen

1 jn./sich ~

- 경찰은 그 도망가는 운전사를 붙잡을 수 있었다.
  ▶ Die Polizei konnte den flüchtenden Autofahrer *stellen*. (=Er konnte ihn fassen.)

- 그 범인은 경찰서에 자수했다.
  ▶ Der Verbrecher hat *sich gestellt*. (=Er ist selbst zur Polizei gegangen.)

2 jm. etw. ~

- 회사는 그 회사의 사장에게 차 한 대를 사용하도록 준다.
  ▶ Die Firma *stellt* ihrem Direktor einen Wagen. (=Sie gibt ihm einen Wagen zum Gebrauch/Er hat einen Dienstwagen.

- 선생님은 그 학생에게 질문을 한 개 한다.
  ▶ Der Lehrer *stellt* dem Schüler *eine Frage*. (=Er fragt ihn. FVG)

- 교수님은 대학생들에게 어려운 과제들을 내주었다.
  ▶ Der Prof. *stellte* den Studenten *schwere Aufgaben*. (Er gab ihnen schwere Aufgaben.)

- 우리는 우리 고객들에게 유리한 지불조건들을 제시한다.
  ▶ Wir *stellen* unseren Kunden günstige Zahlungsbedingungen. (=Wir machen günstige Bedingungen.)

3 etw. ~

- 나는 내 자명종을 6시에 맞추었다.
  ▶ Ich habe meinen Wecker auf sechs Uhr *gestellt*. (=Er soll mich um sechs Uhr wecken.)

- 당신은 보증금을 지불할 수 있습니까?
  - ▶ Können Sie eine Kaution *stellen*? (=Können Sie eine Kaution bezahlen?)

- 그 대학생은 장학금신청을 했다.
  - ▶ Der Student hat *einen Antrag auf* ein Stipendium *gestellt*. (=Er hat es beantragt. I.)

4 etw./jn. an einen Ort ~

- 나는 그 공책들은 (문이 있는) 책장에 넣어두었고, 그 책들은 (문이 없는) 선반에 놓아두었다.
  - ▶ Ich habe die Hefte in den Schrank gelegt und die Bücher in das Regal *gestellt*.

- 한스는 창가에 가서 섰다.
  - ▶ Hans *stellte sich ans* Fenster.

- 사람들은 그 남자를 그에게 알맞은 일자리에 세웠다.
  - ▶ Man hat *den Mann an den richtigen Platz gestellt*. (=Das ist die richtige Arbeit für ihn.)

- 그 여자무용수는 모든 다른 무용수들을 능가한다.
  - ▶ Diese Tänzerin *stellt* alle anderen *in den Schatten*. (=Sie übertrifft alle. I.)

5 jn. + 전치사구 ~ = FVG(='Funktionsverbgefüge 기능동사 구문')

- 그 대가는 그 견습생을 시험해보았다.
  - ▶ Der Meister hat den Lehrling *auf die Probe gestellt*. (=Er wollte seinen Charakter (z.B. seine Ehrlichkeit) prüfen. I.)

- 교장선생님은 그 뻔뻔한 견습생에게 그가 한 일에 대한 변명을 요구했다.
  ▶ Der Chef *stellte* den frechen Lehrling *zur Rede*. (=Er verlangte von ihm eine Erklärung für das, was er gesagt oder getan hat. I.)

6 etw. + 전치사구 ~ = FVG
- 그 회사는 나에게 그 포장비용을 지불하게 한다.
  ▶ Die Firma *stellt* mir *die Verpackung in Rechnung*. (=Ich muss die Kosten für die Verpackung bezahlen)

- 당신은 페터가 아직 애라는 사실을 고려해야 합니다,
  ▶ Sie müssen *in Rechnung stellen*, dass Peter noch ein Kind ist. (=Sie müssen das bedenken/berücksichtigen.)

- 이러한 일의 전개를 통해 그 회의의 성공은 의문시된다.
  ▶ Durch diese Entwicklung wird *der Erfolg der Konferenz in Frage gestellt*. (=Der Erfolg ist zweifelhaft. Es ist unwahrscheinlich, dass sie ein Erfolg wird. I.)

- 그 법률은 군사적 비밀들의 누설을 처벌하도록 규정하고 있다.
  ▶ Das Gesetz *stellt den Verrat militärischer Geheimnisse unter Strafe*. (=Der Verrat wird bestraft. I.)

- 뮬러 부인은 그녀의 새 재산을 보여준다.
  ▶ Frau Müller *stellt ihren neuen Reichtum zur Schau*. (=Sie zeigt ihren Reichtum. I.)

7 jm. etw. +전치사구 ~ = FVG
- 내가 당신에게 나의 누울 수 있는 의자를 넘겨주어도 좋겠습니까?
  ▶ darf ich Ihnen meinen Liegestuhl *zur Verfügung stellen*? (=Darf ich ihn

Ihnen überlassen? Sie können ihn jetzt gerne benutzen! I.)

- 사람들은 나에게 더 큰 집을 약속했다.
  ▶ Man hat *mir eine größere Wohnung in Aussicht gestellt*. (=Man hat sie mir versprochen. I.)

8 auf etw.⁴Adj./sich ~

- 가격은 100유로가 될 것이다.
  ▶ Der Preis wird *sich auf hundert Euro stellen*. (=Die Sache wird hundert Euro kosten.)

- 그의 벌이는 1000유로이다.
  ▶ Er *stellt sich auf tausend Euro*. (Er verdient so viel. U.)

- 그는 귀머거리인 체 / 척한다.
  ▶ Er *stellt sich taub*. (=Er tut, als ob er taub wäre.)

sich mit jm. gut~

- 뮬러 부인은 여자건물관리인과 좋은 관계를 유지해왔다.
  ▶ Frau Müller hat *sich mit der Hausmeisterin gut gestellt*. (=Sie haben ein gutes Verhältnis)

sich zu jm./etw. ~

- 당신은 나의 제안에 대해 어떻게 생각하십니까?
  ▶ Wie *stellen* Sie *sich zu meinem Vorschlag*? (=Was halten Sie davon?/ Wie denken Sie darüber?)

9 jn./etw. + Adj. ~

- 나는 한 병의 포도주를 냉장고에 넣어두었다.

- ▶ Ich habe *eine Flasche Wein kalt gestellt*. (=Der Wein steht im Kühlschrank.)

- 이 신문기사는 그 장관의 약점을 폭로한다.
  - ▶ Dieser Zeitungsartikel *stellt den Minister bloß*. (=Er ist sehr schlecht für ihn.)

abstellen

- 당신은 엔진을 껐습니까?
  - ▶ Haben Sie *den Motor abgestellt?* (=Haben Sie ihn ausgeschaltet?)

- 그 가방은 너무 무거워서, 나는 그것을 늘 다시 잠깐씩 땅에 놓아야 한다.
  - ▶ Der Koffer ist zu schwer, ich muss *ihn* immer wieder *abstellen*. (=Ich muss ihn für kurze Zeit auf den Boden stellen.)

- 내가 나의 가방을 당신에게 맡겨둘 수 있겠는가?
  - ▶ Kann ich *meinen Koffer bei Ihnen abstellen?* (=Kann ich ihn bei Ihnen lassen?)

- 수공장인은 나의 TV의 결함들을 제거했다.
  - ▶ Der Handwerker hat *die Mängel an meinem Fernseher abgestellt*. (=Er hat die Mängel beseitigt)

    etw. auf etw. ~

- 이 집안에서는 모든 것이 편한 것에 초점이 맞추어져 있다.
  - ▶ In diesem Haus ist alles *auf Bequemlichkeit abgestellt*. (=Alles ist bequem eingerichtet)

anheimstellen

- 나는 당신이 그 일을 할지 또는 안 할지 당신의 결정에 맡긴다.
  ▶ Ich *stelle* es Ihnen *anheim*, ob Sie die Arbeit machen wollen oder nicht. (=Das können Sie selbst entscheiden. Ich überlasse Ihnen die Entscheidung.)

  > *es*는 *ob Sie die Arbeit machen wollen oder nicht*를 주문장에서 미리 받아주는 '상관사 *Korrelat*'이다.

anstellen

- 그 TV를 켜라!
  ▶ *Stelle* den Fernsehapparat *an*! (=Schalte ihn ein!)

- 회사는 브라운 씨를 장부계로 고용했다.
  ▶ Die Firma hat Herrn Braun als Buchhalter *angestellt*. (=Sie beschäftigte ihn als Buchhalter.)

- 그 자연과학자는 관찰들을 한다.
  ▶ Der Naturwissenschaftler *stellt* Beobachtungen *an*. (=Er macht Beobachtungen. FVG)

sich ~

- 그렇게 서투르게 처신하지 말라!
  ▶ *Stell dich* nicht so ungeschickt *an*! (=Pass auf und mach es richtig! U.)

- 그 사람들은 오페라의 표들을 구하기 위해 긴 줄을 서 있다.
  ▶ Die Menschen *stellen sich* nach Opernkarten *an*. (=Sie warten in

einer langen Reihe. Sie stehen Schlange.)

aufstellen

- 주인은 그 축제를 위해 식탁들과 의자들을 테라스에 내다놓다.
  ▶ Der Wirt *stellt* Tische und Stühle für das Fest *auf*. (=Er stellt sie hin. Er ordnet sie.)

- 우리는 한 개의 정확한 노동계획을 세워야 한다.
  ▶ Wir müssen einen genauen Arbeitsplan *aufstellen*. (=Wir müssen einen genauen Arbeitsplan machen. FVG)

- 감독이 출선선수의 엔트리를 확정한다.
  ▶ Der Trainer *stellt* die Mannschaft *auf*. (=Er bestimmt die Spieler, die spielen sollen.)

- 당신은 한 개의 잘못된 주장을 내세웠다.
  ▶ Sie haben *eine falsche Behauptung aufgestellt*. (=Sie haben etwas Falsches behauptet. FVG)

ausstellen

- 그 예술가는 그의 그림들을 전시한다.
  ▶ Der Künstler *stellt* seine Bilder *aus*. (=Er zeigt sie der Öffentlichkeit.)

- 제발 저에게 계산서를 작성해주세요!
  ▶ *Stellen* Sie mir bitte die Rechnung *aus*! (=Schreiben Sie die Rechnung!)

- 그 고객은 수표를 한 장 발행했다.
  ▶ Der Kunde *stellte* einen Scheck *aus*. (=Er schrieb einen Scheck.)

- 그 여권들은 경찰에 의해 교부된다.
  ▶ Die Pässe werden von der Polizei *ausgestellt*. (=Die Polizei darf diese Dokumente ausfüllen und ausgeben.)

bereitstellen

- 시청은 그 손님을 위해 차 한대를 준비시켰다.
  ▶ Die Stadtverwaltung *stellte* für den Gast einen Wagen *bereit*.

bestellen

- 그 농부는 그의 밭을 경작한다.
  ▶ Der Bauer *bestellt* sein Feld. (=Er bebaut es.)

- 나는 그 메뉴를 3유로에 주문한다.
  ▶ Ich *bestelle* das Menü zu drei Euro.

- 뮬러 씨는 월요일에 가는 비행기 표 한 장을 자신을 위해 주문했다.
  ▶ Herr Müller hat *sich* für Montag eine Flugkarte *bestellt*. (=Er ließ sie sich reservieren)

  > **sich*는 '이익의 3격 dativus commodi'으로서 '누구를 위한 표'인지를 나타내며, 'für sich'로 의미 풀이가 된다.

- 너의 어머니에게 나의 인사를 전해줘!
  ▶ *Bestelle* deiner Mutter Grüße von mir! (=Sage, ich ließe sie grüßen.)

- 사장은 베르크만 씨를 자신에게 오게 한다.
  ▶ Der Direktor *bestellt* Herrn Bergmann zu sich.

abbestellen

- 나는 그 신문의 정기구독을 취소한다.
  - ▶ Ich *bestelle* die Zeitung *ab*. (=Ich kündige das Abonnement.)

darstellen

- 이 그림은 나의 어머니를 묘사한다.
  - ▶ Dieses Bild *stellt* meine Mutter *dar*. (=Es zeigt meine Mutter.)

- 그 연극배우는 파우스트를 연기한다.
  - ▶ Der Schauspieler *stellt* den Faust *dar*. (=Er spielt den Faust)

- 그의 태도는 한 개의 모욕을 나타낸다.
  - ▶ Sein Benehmen *stellt* eine Beleidigung *dar*. (=Sein Benehmen ist eine Beleidigung.)

- 그는 그 사고를 다르게 묘사했다.
  - ▶ Er hat den Unfall anders *dargestellt*. (=Er hat ihn anders geschildert)

durchstellen

- 그 전화통화를 나에게 연결시켜주세요!
  - ▶ *Stellen* Sie das Telefongespräch zu mir *durch*! (=Legen Sie es auf meinen Apparat!)

einstellen

- 나는 내 차를 차고에 넣는다.
  - ▶ Ich *stelle* meinen Wagen *ein*. (=Ich bringe ihn in die Garage.)

- 그 공장은 금속공들을 고용한다.
  ▶ Das Werk *stellt* Schlosser *ein*. (=Es sucht noch Schlosser. Es hat noch freie Arbeitsplätze.)

- 그 공장은 작업을 중단해야 한다.
  ▶ Die Fabrik muss die Arbeit *einstellen*. (=Sie hört auf zu produzieren.)

- 안개가 심하면 비행기는 자주 날지 않는다.
  ▶ Bei Nebel *stellt* man oft den Flugverkehr *ein*. (=Es wird nicht geflogen.)

sich ~

- 제비들은 올해에 일찍 모습을 나타냈다.
  ▶ Die Schwalben haben *sich* in diesem Jahr früh *eingestellt*. (=Sie sind früh gekommen.)

sich auf etw. ~

- 우리는 긴 대기시간에 대비해야 한다.
  ▶ Wir müssen *uns auf* eine lange Wartezeit *einstellen*. (=Wir müssen uns darauf vorbereiten.)

sich auf jn. ~

- 그는 자신을 그의 친구의 사정에 전적으로 맞추었다.
  ▶ Er *stellte sich* ganz *auf* seinen Freund *ein*. (=Er richtete sich nach ihm.)

entstellen

- 그 흉터가 그의 얼굴을 보기 흉하게 만든다.
  ▶ Die Narbe *entstellt* sein Gesicht. (=Sie macht es häßlich.)

- 진실을 왜곡시키지 마십시오!
  ▶ *Entstellen* Sie die Wahrheit nicht! (=Ändern Sie sie nicht! Lügen Sie nicht!)

feststellen

- 언제 그 기차가 도착하는지 확인하십시오!
  ▶ *Stellen* Sie *fest*, wann der Zug ankommt!

freistellen

- 나는 언제 당신이 그 일을 시작할지를 당신의 결정에 맡기겠습니다.
  ▶ Ich *stelle* Ihnen *frei*, wann Sie mit der Arbeit beginnen. (=Ich überlasse es Ihnen. Bestimmen Sie selbst!)

- 사람들은 그 젊은 남자를 군대복무에서 해방시켰다.
  ▶ Man *stellte* den jungen Mann vom Militärdienst *frei*. (=Man befreite ihn davon.)

herausstellen

- 사람들은 이 역할을 맡은 그 젊은 여배우를 많이 광고했다.
  ▶ Man *stellte* die junge Schauspielerin in dieser Rolle groß *heraus*. (=Man machte für sie viel Reklame.)

  sich ~

- 그 고기는 부패되었던 것으로 판명되었다.
  ▶ Es hat *sich herausgestellt*, dass das Fleisch verdorben war. (=Es hat sich gezeigt. Die Untersuchung hat es ergeben.)

herstellen

- 이 공장은 강철제품들을 제조한다.
  - ▶ Diese Fabrik *stellt* Stahlwaren *her*. (=Sie produziert Stahlwaren.)

wiederherstellen

- 그 예술품복원기술자는 그 파손된 그림을 다시 원상회복시키려고 시도한다.
  - ▶ Der Restaurator versucht, das beschädigte Gemälde *wiederherzustellen*. (=Er will es wieder ganz machen.)

- 우리는 그 옛날의 관계들을 다시 복구했다.
  - ▶ Wir haben die alten Beziehungen *wiederhergestellt*. (=Wir haben sie erneuert.)

- 그 환자는 다시 건강을 회복했다.
  - ▶ Der Kranke ist *wiederhergestellt*. (=Er ist wieder gesund)

hinstellen

- 그 무거운 알약을 놓아버리세요!
  - ▶ *Stellen* Sie das schwere Tablett *hin*! (=Behalten Sie es nicht in der Hand!)

- 그는 나를 거짓말쟁이라고 주장하려고 한다.
  - ▶ Er will mich als Lügner *hinstellen*. (=Er behauptet, ich sei ein Lügner.)

kaltstellen

- 사람들이 그 정치가에게 찬 물을 먹였다.

▶ Man hat den Politiker *kaltgestellt*. (=Er hat keinen Einfluss mehr. Er bekommt nur unwichtige Aufgaben.)

nachstellen

• 이 젊은 남자는 모든 젊은 소녀들의 꽁무니를 쫓아다닌다.

▶ Dieser junge Mann *stellt* allen jungen Mädchen *nach*. (=Er verfolgt sie. Er läuft ihnen nach.)

umstellen

① untrennbar

• 경찰이 그 집을 포위한다.

▶ Die Polizei *umstellt* das Haus. (=Die Polizisten stehen um das Haus herum.)

② trennbar

• 우리는 이 집안에 있는 가구들을 옮겨놓았다.

▶ Wir haben die Möbel in diesem Zimmer *umgestellt*. (=Wir haben sie anders gestellt.)

sich ~

• 사람들은 외국에 오면, 다른 생활습관에 자신을 맞추어야 한다.

▶ Kommt man in ein fremdes Land, so muss man *sich umstellen*. (=Man muss sich an andere Lebensgewohnheiten gewöhnen.)

etw./sich auf etw. ~

• 대부분의 기차들은 전기로 전환되었다.

▶ Die meisten Züge sind *auf* Elektrizität *umgestellt* worden. (=Man nimmt statt Dampf Elektrizität.)

unterstellen

1 untrennbar

- 베버 씨가 그 새 부서의 우두머리가 되었다.
  ▶ Die neue Abteilung wurde Herrn Weber *unterstellt*. (=Er wurde der Chef.)

- 당신은 내가 거짓말한다고 나에게 죄를 뒤집어씌우려고 하십니까?
  ▶ Wollen Sie mir *unterstellen*, dass ich lüge? (=Wollen Sie das behaupten? Verdächtigen Sie mich?)

2 trennbar

- 나는 비가 올 때에 비를 피했다.
  ▶ Ich habe mich bei dem Regen *untergestellt*. (=Ich habe Schutz gesucht.)

- 페터는 그가 한 새 집을 가질 때까지 그의 가구들을 내 집의 지하실에 보관시킨다.
  ▶ Peter *stellt* seine Möbel bei mir im Keller *unter*, bis er eine neue Wohnung hat. (=Er lagert sie für einige Zeit bei mir.)

verstellen

- 누가 그 가구들을 다른 곳에 치웠는가?
  ▶ Wer hat die Möbel *verstellt*? (=Wer hat sie anders gestellt?)

- 그는 그의 차로 그 입구를 막는다.
  ▶ Er *verstellt* mit seinem Wagen den Eingang. (=Der Wagen steht im Weg. Man kann nicht vorbei.)

- 그가 그의 음성을 바꾸었기 때문에, 나는 그를 전화에서 알아챌 수가 없었다.
  - ▶ Ich habe ihn am Telefon nicht erkannt, weil er seine Stimme *verstellt* hat. (=Er hat sie absichtlich verändert.)

sich ~

- 그는 귀머거리가 아니다, 단지 그가 그렇게 가장하고 있을 따름이다.
  - ▶ Er ist nicht taub, er *verstellt sich* nur. (=Er tut, als ob er taub wäre)

vorstellen

- 나는 내 시계를 5분 더 빨리 가게 한다.
  - ▶ Ich *stelle* meine Uhr fünf Minuten *vor*.

- 사장은 나에게 새 동료를 소개했다.
  - ▶ Der Chef *stellte* mir den neuen Mitarbeiter *vor*.

sich^3 etw./jn. ~

- 나에게 무슨 일이 일어났는지, 한 번 상상해 봐!
  - ▶ *Stell dir vor*, was mir passiert ist! (=Denk nur! U.)

zurückstellen

- 나는 내 시계를 빨리 가므로 늦추어야 했다.
  - ▶ Ich habe meine Uhr *zurückstellen* müssen. (=Sie geht vor, ich muss den Zeiger zurückdrehen.)

- 그는 일 년 동안 징집을 연기 받았다.
  - ▶ Er wurde für ein Jahr vom Wehrdienst *zurückgestellt*. (=Er wird noch nicht Soldat.)

- 우리는 그 차의 구입을 두 달 연기해야 한다.
  ▶ Wir werden den Kauf des Autos um zwei Monate *zurückstellen* müssen.

zusammenstellen

- 그 급사는 그 식기들을 모아둔다.
  ▶ Der Kellner *stellt* das Geschirr *zusammen*. (=Er stellt es aufeinander.)

- 그 주인은 식사의 메뉴를 편성한다.
  ▶ Der Wirt *stellt* die Speisefolge *zusammen*. (=Er macht die Speisekarte, er sucht die Gerichte aus.)

- 나는 내가 아직 필요로 하는 모든 것의 목록을 작성했다.
  ▶ Ich habe *zusammengestellt*, was ich noch alles brauche. (=Ich habe eine Liste gemacht.)

zustellen

- 우리는 그 문 앞에 무엇을 앞에 놓아 그 문을 막아버렸다.
  ▶ Wir haben die Tür *zugestellt*. (=Wir stellten einen Schrank davor.)

- 사람들이 나에게 그 계산서를 부쳐주었다.
  ▶ Man hat mir die Rechnung *zugestellt*. (=Man hat sie mir geschickt.)

- 토요일에는 우편물이 단지 한 번만 배달된다.
  ▶ Samstags wird nur einmal *zugestellt*. (=Die Post kommt nur einmal.)

stimmen vs. abstimmen vs. bestimmen vs. anstimmen vs. beistimmen vs. einstimmen vs. übereinstimmen vs. überstimmen vs. umstimmen vs. verstimmen vs. zustimmen

stimmen

- 그것은 옳지 않다.
  - ▶ Das *stimmt* nicht!

- 교향악단 단원들이 악기들을 조율한다.
  - ▶ Die Musiker *stimmen* ihre Instrumente.

- 이 소식이 나를 슬프게 만들었다.
  - ▶ Diese Nachricht hat mich traurig *gestimmt*.

- 300명의 의원들은 그 법안에 찬성했고, 100명은 반대였다.
  - ▶ Dreihundert Abgeordnete *stimmten für* das Gesetz, hundert *stimmten dagegen*.

abstimmen

etw. auf etw. ~

- 그 실내 장식가는 커튼들과 양탄자들의 색을 서로 조화시켰다.
  - ▶ Der Innenarchitekt hat die Farbe von Vorhängen und Teppichen gut *auf*einander *abgestimmt*.

über etw. abstimmen

- 의회는 새 법률에 대해 투표로 결정했다.
  - ▶ Das Parlament *stimmte über* das neue Gesetz *ab*. (=Man entschied durch

Stimmabgabe über das Gesetz.)

bestimmen

- 대학당국이 대학생들은 12학기이상 대학에 다녀서는 안 된다고 규정지었다.
  ▶ Die Universität hat *bestimmt*, dass die Studenten nicht länger als zwölf Semester studieren dürfen. (=Die Universität hat das als Regel festgesetzt.)

- 그 신랑 신부가 결혼식 날을 결정했다.
  ▶ Das Brautpaar *bestimmte* den Hochzeitstag. (=Es setzte den Termin fest.)

anstimmen

- 그 애들이 큰 소리로 고함을 지르기 시작했다.
  ▶ Die Kinder *stimmten* ein großes Geschrei *an*. (=Sie begannen zu schreien.)

beistimmen

- 그 방청객은 그 연사의 말들에 동의했기 때문에 고개를 끄덕였다.
  ▶ Der Zuhörer nickte, weil er den Worten des Redners *beistimmte*. (=Er war gleicher Meinung.)

einstimmen

- 예배에 참석한 신도들은 노래를 함께 불렀다.
  ▶ Die Gemeinde *stimmte* in den Gesang *ein*. (=Sie sang mit.)

übereinstimmen

> mit jm. in etw. ~

- 그는 이 계획이 실현될 수 없다는 점에서 나와 의견이 같다.
  - ▶ Er *stimmt mit mir darin überein*, dass dieser Plan nicht zu realisieren ist.

> mit etw. ~

- 커튼들의 색이 안락의자들의 색과 같은 색이다.
  - ▶ Die Farbe der Vorhänge *stimmt mit der der Sessel* überein.

überstimmen

- 야당이 여당보다 더 많은 표를 받았다.
  - ▶ Die Regierungspartei wurde von der Opposition *überstimmt*.

umstimmen

- 그 딸이 아버지의 의견을 바꾸었다.
  - ▶ Die Tochter hat ihren Vater *umgestimmt*. (=Sie hat es geschafft, dass er seine Meinung änderte und nachgab.)

verstimmen

- 네가 시간을 정확하게 지키지 않는 것이 뮬러 씨를 화나게 만들었다.
  - ▶ Deine Unpünktlichkeit hat Herrn Müller *verstimmt*. (=Sie hat ihn verärgert.)

> verstimmt sein

- 그 피아노는 음이 맞지 않는다.
  - ▶ Das Klavier ist *verstimmt*. (=Die Töne stimmen nicht.)

- 그는 나쁜 접대에 대해 화가 났다.
  ▶ Er war sehr *verstimmt über* die schlechte Bedienung. (=Er war ärgerlich.)

zustimmen

- 사장은 그 계획에 찬성했다.
  ▶ Der Direktor hat *dem Plan zugestimmt*. (=Er sagte *ja* dazu.)

- 토론에서 여러 사람들이 그 연사의 의견에 동의했다.
  ▶ In der Diskussion *stimmten* viele *dem Redner zu*. (=Sie gaben ihm Recht. Sie waren seiner Meinung.)

112

streben vs. anstreben vs. aufstreben vs. bestreben vs. widerstreben

streben

nach etw. ~

- 그는 명성을 추구한다.
  ▶ Er *strebt nach* Ruhm.

anstreben

- 정부는 이웃국가들과 더 개선된 관계를 추구한다.
  ▶ Die Regierung *strebt* bessere Beziehungen zu den Nachbarländern *an*. (=Sie bemüht sich darum.)

aufstreben

- 이 장소는 잘 발전하고 있다.
  ▶ Dieser Ort *strebt auf*. (=Er entwickelt sich gut.)

bestreben

bestrebt sein

- 그 여비서는 실수를 안 하도록 노력한다.
  ▶ Die Sekretärin ist *bestrebt*, keinen Fehler *zu* machen. (=Sie gibt sich Mühe.)

> *Du *bestrebst dich*, alles recht *zu* machen. '너는 모든 것을 정당하게 하려고 노력한다'의 형태로도 사용될 수 있지만, 대개 '과거분사+sein'의 형태로 많이 사용되며, *zu*가 그 뒤에 반드시 온다. Er ist *bestrebt*, seine Kunden zufrieden*zu*stellen. '그는 고객을 만족시키려고 애쓴다.' (모델, 296쪽)

widerstreben

- 다른 사람들에 대해 이야기하는 것은 내 마음에 거슬린다.
  ▶ Es *widerstrebt* mir, über andere Leute *zu* reden. (=Es liegt mir nicht. Ich tue es nicht gern.)

> *Es는 *über andere Leute zu reden*을 주문장에서 미리 받아주는 '상관사'이다.

113

suchen vs. aufsuchen vs. aussuchen vs. besuchen vs. durchsuchen vs. ersuchen vs. heimsuchen vs. nachsuchen vs. untersuchen vs. versuchen vs. zusammensuchen

suchen

- 잉게는 그녀의 여자 친구를 찾고 있다.
  ▶ Inge *sucht* ihre Freundin.

- 그 애들은 버섯들을 찾고 있다.
  ▶ Die Kinder *suchen* Pilze.

- 나는 내 일자리를 찾으려고 노력했다.
  ▶ Ich habe *mir* eine Stellung *gesucht*. (=Ich habe mich bemüht, bis ich eine Stellung gefunden hatte.)

  *mir*는 '이익의 3격 dativus commodi'으로서 '나를 위해 für mich'로 의미풀이 된다.

- 그는 멀리 달아났다.
  ▶ Er hat *das Weite gesucht*. (=Er ist geflohen. I.)

- 그 소녀는 모든 사람들의 마음에 들려고 애썼다.
  ▶ Das Mädchen *suchte* allen zu gefallen. (=Sie versuchte es. Sie wollte allen gefallen.)

nach etw./jm. ~

- 그는 핑계거리를 찾았다.
  ▶ Der Junge *suchte nach* einer Ausrede.

aufsuchen

- 한 의사를 방문하세요!
  - *Suchen* Sie einen Arzt *auf*! (=Gehen Sie zum Arzt!)

- 뮐러 씨가 내 집으로 나를 찾아왔다.
  - Herr Müller hat mich in meiner Wohnung *aufgesucht*. (=Er kommt zu mir, um etwas Geschäftliches zu besprechen.)

aussuchen

- 나는 제일 내 마음에 많이 드는 모자를 한개 골랐다.
  - Ich habe mir einen Hut *ausgesucht*. (=Ich habe ihn ausgewählt. Ich nehme den, der mir am besten gefällt.)

besuchen

- 다음 주에 나를 방문해주세요!
  - *Besuchen* Sie mich nächste Woche!

- 이 전시회는 5만 명의 사람이 방문했다.
  - Diese Ausstellung wurde von 50000 Menschen *besucht*.

- 내 딸은 여대생이다.
  - Meine Tochter *besucht* die Universität. (편저자에 의한 예문)

durchsuchen

- 경찰은 그 집을 샅샅이 수색했다.
  - Die Polizei hat *das Haus durchsucht*. (=Sie sucht überall in dem Haus.)

ersuchen

- 나는 당신에게 집세를 더 정확하게 지불할 것을 공식적으로 요구합니다.
  ▶ Ich muss Sie *ersuchen*, Ihre Miete pünktlicher zu bezahlen. (=Ich fordere Sie auf. Ich bitte Sie offiziell.)

heimsuchen

- 그 마을은 한 개의 지진에 의해 습격 받았다.
  ▶ Das Dorf wurde von einem Erdbeben *heimgesucht*. (=Ein Unglück hat das Dorf getroffen. Es erlitt durch das Erdbeben schwere Schäden.)

nachsuchen

```
um etw. ~
```

- 그 관리는 휴가를 신청했다.
  ▶ Der Beamte *suchte um* Urlaub *nach*. (=Er bat um Urlaub. Er beantragte Urlaub.)

untersuchen

- 그 의사는 그 환자를 진찰한다.
  ▶ Der Arzt *untersucht* den Patienten. (=Er sucht, was ihm fehlt. Er prüft seine Gesundheit.)

- 경찰은 그 사고를 조사한다.
  ▶ Die Polizei *untersucht* den Unfall.

- 그 문제는 아직 정확하게 조사되지 않았다.
  ▶ Das Problem wurde noch nicht genau *untersucht*.

versuchen

- 그 요리사는 그 소스/양념을 맛본다.
  > Der Koch *versucht* die Sauce. (=Er probiert, wie sie schmeckt.)

- 나는 값싼 방 한 개를 구하려고 했으나 헛수고였다.
  > Ich habe vergebens *versucht*, ein billiges Zimmer *zu* finden. (=Ich wollte eines finden. Ich suchte nach einem Zimmer.)

 *이 경우에는 'Infinitiv mit *zu*'가 꼭 뒤에 온다.

- 그는 그 차가 얼마나 빨리 달릴 수 있는지 실험한다.
  > Er *versucht*, wie schnell der Wagen fahren kann. (=Er macht ein Experiment.)

es mit jm. ~

- 나는 너와 다시 한 번 협력을 시도해보겠다.
  > Ich will *es* noch einmal *mit dir versuchen*. (=Wir wollen noch einmal sehen, wie es mit dir geht, wie wir zusammenarbeiten können.)

versucht sein

- 나는 그 차를 사고 싶은 유혹을 받았다.
  > Ich war *versucht*, das Auto *zu* kaufen. (=Ich hatte große Lust, es zu kaufen.)

zusammensuchen

- 나는 그 외투를 구입할 수 있기 위해, 모든 돈을 찾아 모았다.
  > Ich habe alles Geld *zusammengesucht*, um den Mantel kaufen zu können. (=Ich habe mein ganzes Geld genommen.)

tauschen vs. austauschen vs. eintauschen vs. umtauschen vs. vertauschen

tauschen

- 우리는 우리좌석을 서로 바꾼다.
  ▶ Wir *tauschen* unsere Plätze. (=Du nimmst meinen, und ich deinen Platz.)

- 이 여인과 나는 입장을 바꾸고 싶지 않습니다.
  ▶ Mit dieser Frau möchte ich nicht *tauschen*. (=Ich möchte nicht an ihrer Stelle sein.)

austauschen

- 우리는 서로 인사를 교환했다.
  ▶ Wir *tauschten* Grüße *aus*. (=Wir grüßten einander.)

- 그 정치가들은 그들의 의견을 교환하기 위해 회동했다.
  ▶ Die Politiker kamen zusammen, um ihre Gedanken *auszutauschen*. (=Sie wollten über ihre Probleme sprechen.)

  etw. gegen etw. ~
- 너는 그 다 타버린 전구를 새것으로 교환해야 한다.
  ▶ Du musst die ausgebrannte Glühbirne *gegen* eine neue *austauschen*. (=Du musst eine neue Birne statt der alten nehmen.)

eintauschen

etw. gegen etw. ~

- 그 농부는 계란들을 주고 옷감을 받았다
  ▶ Der Bauer hat den Stoff *gegen* Eier *eingetauscht*.

umtauschen

- 나는 그 신발들을 교환해야 한다, 그들은 내 발에 맞지 않다.
  ▶ Ich muss die Schuhe *umtauschen*, sie passen nicht. (=Ich bringe sie in das Geschäft zurück und nehme andere dafür.)

- 나는 500유로를 프랑스 프랑으로 환전했다.
  ▶ Ich habe 500 Euro *in* französische Francs *umgetauscht/gewechselt*. (Ich ließ mir Geld einer anderen Währung geben. Ich habe das Geld gewechselt.)

vertauschen

- 그 남자는 그의 우산을 잘못하여 바꾸었다.
  ▶ Der Herr hat seinen Schirm *vertauscht*. (=Er hat einen anderen Schirm mitgenommen und den eigenen stehen lassen.)

üben vs. ausüben vs. einüben vs. verüben

üben

- 수업시간에 우리는 문법을 연습한다.
  ▶ Im Unterricht *üben* wir die Grammatik. (=Wir lernen sie durch

Wiederholung.)

- 자비를 베푸세요!
  ▶ *Üben Sie Gnade!*(=Seien Sie gnädig! I.)

- 너는 참을성을 익혀야 한다.
  ▶ Du musst *dich in Geduld üben.* (=Du musst lernen, geduldig zu sein. I.)

ausüben

- 브라운박사는 의사이지만 개업의는 아니다.
  ▶ Dr. Braun ist Arzt, aber er *übt* seinen Beruf nicht *aus.* (=Er arbeitet nicht in seinem Beruf.)

- 그 집주인은 그의 세입자들에게 압력을 행사한다.
  ▶ Der Hauswirt *übt* einen Druck auf seine Mieter *aus.* (=Er will sie zu etwas zwingen. Er wendet Druck an.)

einüben

- 잉게는 그 시를 연습하여 외웠다.
  ▶ Inge hatte das Gedicht gut *eingeübt.*

verüben

- 그는 한 범죄를 저질렀기 때문에, 감옥으로 왔다.
  ▶ Er kam ins Gefängnis, weil er ein Verbrechen *verübt* hatte. (=Er hatte ein Verbrechen begangen.)

- 감옥에서 그는 자살했다.

▶ Im Gefängnis *verübte* er Selbstmord. (Er nahm sich das Leben.)

116

wachen vs. aufwachen vs. durchwachen vs. erwachen vs. überwachen

wachen

- 나는 깨어있다.
  ▶ Ich *wache*. (=Ich schlafe nicht. Ich liege wach.)

- 그 야경꾼은 보초를 서고 있다.
  ▶ Der Nachtwächter *wacht*. (=Er paßt auf.)

über etw./jn. ~

- 간호사는 그 남자환자가 알약들을 먹는지 감시한다.
  ▶ Die Krankenschwester *wacht darüber*, *dass* der Kranke die Tabletten einnimmt. (=Sie achtet darauf.)

 *darüber는 dass....를 주문장에서 미리 받아주는 '상관사 Korrelat'이다.

aufwachen

- 그 애는 잠이 깨어났다.
  ▶ Das Baby ist *aufgewacht*. (=Es hört auf zu schlafen.)

- 그 소년은 지금에 와서야 드디어 무엇인가에 흥미를 느끼기 시작하는 것 같다.
  ▶ Der Junge scheint jetzt endlich *aufzuwachen*. (=Er beginnt, sich jetzt

für etwas zu interessieren.)

durchwachen

- 그 연구자는 일을 하느라고 여러 밤을 꼬박 새웠다.
  ▶ Bei seiner Arbeit hat der Forscher manche Nacht *durchwacht*. (=Er hat die ganze Nacht gearbeitet.)

erwachen

- 나는 소음 때문에 잠을 깨었다.
  ▶ Ich *erwachte* durch den Lärm. (=Ich wurde wach.)

- 자연이 잠을 깨었다.
  ▶ Die Natur ist *erwacht*. (=Der Winter ist vorbei.)

- 그의 내부에서는 드디어 명예욕이 발동을 시작했다.
  ▶ In ihm ist endlich der Ehrgeiz *erwacht*. (=Er ist ehrgeizig geworden.)

überwachen

- 그 대가는 견습생의 일을 감독한다.
  ▶ Der Meister *überwacht* die Arbeit des Lehrlings. (=Er beaufsichtigt ihn. Er kontrolliert ihn.)

- 그 노동자는 측량계기들을 감독한다.
  ▶ Der Arbeiter *überwacht* die Messinstrumente. (=Er kontrolliert sie.)

wählen vs. auswählen vs. erwählen vs. verwählen

wählen

- 그 숙녀는 그 회색 모자를 선택했다.
  ▶ Die Dame *wählte* den grauen Hut. (=Sie entschied sich für ihn.)

- 당신은 메뉴에서 무엇을 선택했습니까?
  ▶ Haben Sie schon *gewählt*? (=Haben Sie sich schon etwas auf der Speisekarte ausgesucht? Was wollen Sie bestellen?)

- 21세이면 우리는 선거권이 있다.
  ▶ *Mit* 21 Jahren kann man *wählen*. (=Man darf an Wahlen teilnehmen.)

auswählen

- 내가 나를 위해 한 선물을 골라내어도 좋았다.
  ▶ Ich durfte *mir* ein Geschenk *auswählen*. (=Ich durfte ein Geschenk aussuchen.)

 *mir*는 '이익의 3격 dativus commodi'으로서 'für mich'로 의미 풀이된다.

erwählen

- 집에 남아 있었던 내 누이가 더 잘 했다.
  ▶ Meine Schwester, die zu Hause blieb, hatte *den besseren Teil erwählt*. (=Sie hatte das Bessere getan. I.)

verwählen

sich ~

- 나는 전화번호를 잘못 돌렸다.
  > Ich habe *mich verwählt*. (=Ich habe die falsche Nummer gewählt.)

 118
wahren vs. bewahren vs. aufbewahren vs. verwahren

wahren

- 변호사는 그 피고의 이익을 보호해야 한다.
  > Der Verteidiger soll die Interessen des Angeklagten *wahren*. (=Er soll seine Interessen schützen.)

- 그는 체면을 유지했다.
  > Er hat *das Gesicht gewahrt*. (=Er behielt seinen guten Namen.)

bewahren

- 화를 내지 마십시오!
  > *Bewahren* Sie die Ruhe! (=Bleiben Sie ruhig! Verlieren Sie nicht die Nerven!)

jn. vor etw. ~

- 교통표지들은 운전자들을 사고들로부터 보호해주어야 할 것이다.
  > Die Verkehrszeichen sollen die Autofahrer *vor* Unfällen *bewahren*.

- 능력 있는 그 변호사는 그의 소송의뢰인을 감옥에 가지 않게 구해줄 수 있었다.
  - ▶ Der geschickte Verteidiger konnte seinen Mandanten *vor* dem Gefängnis *bewahren*. (=Er konnte ihn retten.)

aufbewahren

- 나는 너의 모든 편지들을 보관해두었다.
  - ▶ Ich habe alle deine Briefe *aufbewahrt*. (=Ich hob sie auf. Ich habe sie behalten.)

verwahren

- 이 서류들을 잘 보관하세요!
  - ▶ *Verwahren* Sie diese Dokumente gut! (=Heben Sie sie an einem sicheren Ort auf!)

- 그 장관은 신문지상의 공격들에 대해 자신을 적극적으로 방어했다.
  - ▶ Der Minister *verwahrte sich gegen die Angriffe in der Presse*. (=Er wehrte sich energisch dagegen.)

119
wandeln vs. abwandeln vs. anwandeln vs. umwandeln vs. verwandeln

wandeln

- 관객들은 휴식시간에 극장의 휴게실에서 이리저리 산보한다.

▶ Die Zuschauer *wandeln* in der Pause im Foyer auf und ab. (=Sie gehen dort langsam spazieren.)

sich ~

- 독일에서는 전후에 많은 것이 변화했다.
  ▶ In Deutschland hat *sich* nach dem Krieg vieles *gewandelt*. (=Vieles ist anders geworden.)

abwandeln

- 그 신문이 나의 기고를 실었다. 사람들이 그것을 약간 변화시켰다.
  ▶ Die Zeitung brachte meinen Artikel. Man hatte ihn aber leicht *abgewandelt*. (=Man hatte ihn etwas geändert.)

anwandeln

- 밤늦게 외출하고 싶은 기분이 나를 갑자기 사로잡는다.
  ▶ *Mich wandelt die Laune an*, noch spät am Abend *auszugehen*. (=Ich hatte plötzlich die Laune. Sie erfasste mich.)

umwandeln

- 그 공장주인은 그의 회사를 주식회사로 변경했다.
  ▶ Der Fabrikbesitzer *wandelte seine Firma in eine Aktiengesellschaft um*. (=Er änderte sie und machte eine Aktiengesellschaft daraus.)

- 그는 심한 병을 앓고 난 후에는 완전히 사람이 달라졌다.
  ▶ Nach seiner schweren Krankheit war er *wie umgewandelt*. (=Er war völlig verändert. I.)

verwandeln

- 그 젊은 부인은 그 보기 싫은 집을 완전히 변화시켰다.
  ▶ Die junge Frau hat die häßliche Wohnung völlig *verwandelt*.

- 그 마녀는 그 왕자를 한 개구리로 변화시켰다.
  ▶ Die Hexe hat *den Prinzen in einen Frosch verwandelt*. (=Sie machte einen Frosch aus ihm.)

120
warten vs. abwarten vs. aufwarten vs. erwarten

warten

① pflegen

- 그 유아보육 간호사는 그 애들을 돌본다.
  ▶ Die Säuglingsschwester *wartet die Babys*. (=Sie pflegt sie.)

- 그 자동차회사는 팔린 차들에 대해 아프터 서비스를 해준다.
  ▶ Die Autofirma *wartet die verkauften Wagen*. (=Sie hat einen Service. Sie betreut die Wagen.)

② temporal

- 내가 너를 잡게 되면, 너는 끝장이다.
  ▶ *Warte* nur, wenn ich dich erwische! (=Wenn ich dich fange, geht es dir schlecht. U.)

- 나는 돈을 줄 생각을 아직 하지 않고 있어!

▶ Der kann lange *warten*, bis er sein Geld kriegt. (=Ich denke nicht daran, zu zahlen! U.)

auf jn./etw. ~

- 그 사람들은 전차를 기다리고 있다.
  ▶ Die Leute *warten auf die Straßenbahn*.

- 집에서는 한 개의 나쁜 소식이 우리를 기다리고 있었다.
  ▶ Zu Hause *wartete eine schlechte Nachricht auf* uns.

abwarten

- 의사가 무엇을 말할 때까지 우리는 끝까지 기다려야 한다.
  ▶ Wir müssen *abwarten*, *was der Arzt sagt*. (Vorher können wir nichts tun.)

- 그는 그 시간까지 기다릴 수 없다.
  ▶ Er kann *die Zeit* nicht *abwarten*. (Er kann nicht so lange bleiben.)

aufwarten

- 나는 유감스럽게도 그것을 당신에게 제공할 수가 없습니다.
  ▶ *Damit* kann ich leider nicht *aufwarten*. (=Das kann ich Ihnen leider nicht bieten.)

- 그 소녀는 식사 중에 시중들었다.
  ▶ Das Mädchen *wartete bei Tisch auf*. (=Es bediente. Es servierte.)

erwarten

- 오늘 저녁에 나는 방문을 기대하고 있다.

▶ Heute abend *erwarte* ich Besuch. (=Ich weiß, dass Besuch kommt.)

- 애들은 성탄절휴가를 더 이상 기다릴 수 없다.
  ▶ Die Kinder können Weihnachten nicht *erwarten*. (=Sie warten ungeduldig.)

- 그것은 당연히 그렇게 되어야 했다.
  ▶ Das war zu *erwarten*. (=Das musste so kommen.)

- 그 선생님은 학생들이 주목해줄 것을 기대/요구한다.
  ▶ Der Lehrer *erwartet* von den Schülern Aufmerksamkeit. (=Er verlangt Aufmerksamkeit.)

121
wechseln vs. abwechseln vs. auswechseln vs. einwechseln vs. überwechseln vs. umwechseln vs. verwechseln

wechseln

- 날씨가 변한다.
  ▶ Das Wetter *wechselt*. (=Es ändert sich.)

- 그 사슴이 제 구역을 옮겼다.
  ▶ Der Hirsch ist *gewechselt*.

- 너는 너의 신발들을 바꾸어야 한다, 그들은 축축하다.
  ▶ Du musst deine Schuhe *wechseln*, sie sind naß. (=Du musst andere Schuhe anziehen.)

- 페터는 그의 입장을 바꾸었다.

▶ Peter hat seine Stellung *gewechselt*. (=Er hat eine andere Stellung.)

• 우리는 서로 아무 말도 주고받지 않았다.
▶ Wir haben kein Wort miteinander *gewechselt*. (=Wir sprachen nicht miteinander.)

• 나는 그 100유로짜리 지폐를 잔돈으로 바꾸어 줄 수 없다.
▶ Ich kann den Hunderteuroschein nicht *wechseln*. (=Ich kann nicht herausgeben. Ich habe kein Kleingeld.)

abwechseln

• 페터와 스테판은 운전을 서로 교대로 했다.
▶ Peter und Stefan haben *sich* beim Fahren *abgewechselt*. (=Einmal fuhr Peter, einmal Stefan. Sie lösten sich ab.)

auswechseln

• 이 전구는 다 타 버렸다, 우리는 그것을 버리고 다른 것을 사용해야 한다.
▶ Diese Glühbirne ist durchgebrannt, wir müssen sie *auswechseln*. (=Wir müssen eine andere dafür einsetzen.)

einwechseln

• 그 외국인 남자는 한 환전은행에서 유로를 환전해 받는다.
▶ Der Ausländer *wechselt* in einer Wechselstube Euro *ein*. (=Er lässt sich für eine andere Währung Euro geben)

überwechseln

• 그 국회의원은 반대당으로 옮겨 갔다.

▶ Der Abgeordnete *wechselte* zur Opposition *über*. (=Er trat zu einer anderen Partei über.)

umwechseln

• 나는 돈을 다른 화폐로 환전해야 한다.

▶ Ich muss Geld *umwechseln*. (=Ich brauche Geld in einer anderen Währung.)

verwechseln

• 나는 이 두 누이를 항상 혼동한다.

▶ *Diese beiden Schwestern verwechsle* ich immer. (=Ich weiß nie, welche die eine und welche die andere ist.)

• 그 외국인 남자는 3격을 4격과 혼동했다.

▶ Der Ausländer hat *den Dativ mit dem Akkusativ verwechselt*. (=Er nahm den Dativ, wo er den Akkusativ hätte benutzen müssen.)

wecken vs. aufwecken vs. erwecken

wecken

• 나를 7시 정각에 깨워주세요!

▶ *Wecken* Sie *mich* um sieben Uhr! (=Holen Sie mich aus dem Schlaf.)

• 위기는 그에게 자기도 모르던 힘이 솟아나게 했다.

▶ Die Not *weckte ungeahnte Kräfte* in ihm. (=In der Not wurde er stark.)

aufwecken

- 나는 나의 동생을 한 개의 젖은 해면으로 깨워야했다.

  ▶ Ich musste *meinen Bruder* mit einem nassen Schwamm *aufwecken*.

erwecken

- 죽은 자들 중에서 아무도 되살릴 수 없다.

  ▶ *Von den Toten* kann man *niemand erwecken*. (=Man kann niemand wieder lebendig machen.)

- 그의 태도가 경찰의 의혹을 불러 일으켰다.

  ▶ *Sein Verhalten* hat *den Verdacht der Polizei erweckt*. (=Sein Verhalten machte, dass man ihn verdächtigte.)

- 신문에 난 그 광고가 나의 주의를 일깨웠다.

  ▶ *Die Anzeige in der Zeitung erweckte meine Aufmerksamkeit*. (=Ich wurde aufmerksam.)

123
wehren vs. abwehren vs. erwehren vs. verwehren

wehren

sich gegen etw./jn. ~

- 피고는 그 의혹에 대해 자신을 방어했다.

  ▶ Der Angeklagte *wehrte sich gegen den Verdacht*. (=Er verteidigte sich.)

- 나는 사람들이 내 편지들을 읽지 못하게 막는다.

▶ Ich *wehre mich dagegen, dass man meine Briefe liest.* (=Ich protestiere. Ich tue etwas dagegen.)

abwehren

- 그 부대는 적을 물리칠 수 있었다.
  ▶ Die Truppe konnte *den Feind abwehren.* (=Sie verteidigte sich erfolgreich.)

- 그는 어떤 감사도 사절했다.
  ▶ Er *wehrte jeden Dank ab.* (=Er wollte keinen Dank.)

erwehren

| sich einer Sache(Gen.) nicht ~ können |

- 나는 웃지 않을 수 없었다.
  ▶ Ich *konnte mich des Lachens nicht erwehren.* (=Ich musste lachen.)

- 사람들은 그가 진실을 말하고 있지 않다는 생각을 피할 수 없었다.
  ▶ Man kann *sich des Gedankens nicht erwehren, dass er nicht die Wahrheit sagt.* (=Man muss das denken, ob man will oder nicht.)

 *des Gedankens*의 구체적 내용은 *dass er nicht die Wahrheit sagt*이다.

verwehren

- 그 문지기는 그 방문객에게 실험실 출입을 허용하지 않았다.
  ▶ Der Pförtner hat *dem Besucher den Zutritt zum Laboratorium verwehrt.* (=Er hat ihn daran gehindert, das Labor zu betreten.)

124

weigern vs. verweigern

weigern

sich ~

- 나는 이 계산서를 지불하는 것을 거절했다.
  - ▶ *Ich habe mich geweigert, diese Rechnung zu bezahlen.* (=Ich lehnte es entschieden ab.)

verweigern

- 그 증인은 발언을 거부했다.
  - ▶ *Der Zeuge verweigerte die Aussage.* (=Er weigerte sich auszusagen. Er will nicht aussagen.)

> *sich weigern*은 뒤에 'Infinitiv mit *zu*'가 반드시 와야 되는 반면에, *verweigern*뒤에는 '동사에서 파생된 명사 Verbalabstraktum'가 주로 온다.

125

werten vs. abwerten vs. aufwerten vs. auswerten vs. bewerten vs. entwerten vs. verwerten

werten

- 이 골인은 계산에 들어가지 않는다.
  - ▶ Dieses Tor wird nicht *gewertet*. (=Dieses Fußballtor wird nicht gerechnet, nicht gezählt.)

- 언론계는 그 두 대통령의 회동을 어떻게 평가했는가?
  ▶ Wie hat die Presse das Zusammentreffen der beiden Präsidenten *gewertet*? (=Welchen Wert hat man der Konferenz gegeben?)

abwerten

- 그 통화는 평가절하 된다.
  ▶ Das Geld wird *abgewertet*. (=Es wird weniger wert.)

aufwerten

- 이 아름다운 호텔이 전 지역을 평가절상 시켰다.
  ▶ Dieses schöne Hotel hat den ganzen Ort *aufgewertet*. (=Es hat ihm mehr Wert gegeben.)

auswerten

- 주의 통계청은 그 설문조사의 결과들을 평가하였다.
  ▶ Das Statistische Landesamt hat die Ergebnisse der Umfrage *ausgewertet*. (=Man hat mit den Ergebnissen gearbeitet und Schlüsse aus ihnen gezogen.)

bewerten

- 당신은 그 상황을 어떻게 평가하십니까?
  ▶ Wie *bewerten* Sie die Lage? (=Was ist Ihr Urteil über die Lage?)

- 그 집은 6만 유로의 평가를 받았다.
  ▶ Das Haus wurde *auf* 60000 Euro *bewertet*. (=Man schätzte den Wert.)

entwerten

- 우체국은 그 우표들을 소인을 찍어 한 번 더 사용하지 못하게 한다.
  ▶ Die Post *entwertet* die Briefmarken durch einen Stempel. (=Man nimmt ihnen den Wert. Man kann sie nicht noch einmal benutzen.)

verwerten

- 이 모델로 인한 경험들을 그 자동차회사는 그들의 앞으로의 생산에 이용할 수 있을 것이다.
  ▶ Die Erfahrungen mit diesem Modell wird die Autofirma bei ihrer weiteren Produktion *verwerten* können. (=Man wird sie benutzen können.)

126
wickeln vs. abwickeln vs. einwickeln vs. entwickeln vs. verwickeln

wickeln

- 어머니는 그 애를 새 기저귀에 싼다.
  ▶ Die Mutter *wickelt* das Baby. (=Sie gibt ihm frische Windeln.)

- 나는 그 애를 이불로 감쌌다.
  ▶ Ich *wickelte* das Kind *in* eine Decke. (=Ich packte es warm ein.)

- 그 여인은 양모/털실을 감아 뭉치로 만든다.
  ▶ Die Frau *wickelt* die Wolle. (=Sie macht ein Knäul.)

abwickeln

- 그 매는 끈을 풀어라!
  - ▶ *Wickle* den Bindfaden *ab*! (=Wickle ihn von der Rolle.)

- 그 상인은 그의 사업들을 잠깐 동안에 차례로 처리할 수 있었다.
  - ▶ Der Kaufmann konnte seine Geschäfte in kurzer Zeit *abwickeln*. (=Er konnte sie schnell erledigen.)

- 국경에서 차들의 출발준비를 마치는 일은 천천히 진행되었다.
  - ▶ Die Abfertigung der Autos an der Grenze *wickelte sich* langsam *ab*. (=Es ging langsam vor sich.)

einwickeln

- 내가 그 소포를 포장해야만 할까?
  - ▶ Soll ich das Paket *einwickeln*? (=Soll ich es mit Papier einschlagen?)

- 그 상인은 나를 미사여구로 구워삶았다.
  - ▶ Der Verkäufer hat mich *eingewickelt*. (=Er hat mich überreden können, weil ich seinen schönen Worten geglaubt habe. U.)

entwickeln

- 그 회사는 새 엔진을 한 개 개발했다.
  - ▶ Die Fabrik *entwickelte* einen neuen Motor. (=Man entwarf und baute ihn.)

- 그 사진사는 나의 필름을 현상한다.
  - ▶ Der Fotograf *entwickelt* meinen Film.

sich ~

- 그 애는 정신적으로, 그리고 육체적으로 잘 성장했다.
  ▶ Das Kind hat *sich* gut *entwickelt*. (=Es hat geistig und körperlich Fortschritte gemacht.)

- 그 나라는 한 개의 농업국에서 한 산업국으로 발전했다.
  ▶ Das Land hat *sich* aus einem Agrarstaat zu einem Industriestaat *entwickelt*. (=Es ist ein Industriestaat geworden.)

verwickeln

sich ~

- 털실이 뒤엉켰다.
  ▶ Die Wolle hat *sich verwickelt*. (=Sie ist verwirrt, durcheinander.)

jn./sich in etw. ~

- 피고는 모순에 빠졌다.
  ▶ Der Angeklagte hat *sich in* Widersprüche *verwickelt*.

- 뮐러 씨는 나를 대화에 끌어들였다.
  ▶ Herr Müller hat mich *in* ein Gespräch *verwickelt*. (=Er begann ein langes Gespräch mit mir, das ich nicht wollte.)

verwickelt sein

- 이 나라 안의 정치적 상황은 아주 복잡하다.
  ▶ Die politischen Verhältnisse in diesem Land sind *verwickelt*. (=Sie sind sehr kompliziert.)

wirken vs. auswirken vs. bewirken vs. einwirken vs. erwirken vs. mitwirken vs. nachwirken vs. verwirken

wirken

① arbeiten

- 뮬러 씨는 마이어사에서 지배인으로 여러 해 동안 일했다.
  ▶ Herr Müller *wirkte* viele Jahre lang als Prokurist bei Meier & Co.

② herstellen

- 이 기계위에서 양말들이 짜진다.
  ▶ Auf dieser Maschine werden Strümpfe *gewirkt*. (=Diese Maschine strickt Strümpfe.)

③ eine Wirkung haben

- 그럼, 그것이 효과가 있고말고!
  ▶ Ja, das *wirkt*!

- 이 약들의 약효가 빨라.
  ▶ Diese Tabletten *wirken* schnell.

- 너의 옷은 실제보다 더 비싼 느낌을 준다.
  ▶ Dein Kleid *wirkt* teurer, als es ist.

auswirken

sich auf etw. ~

- 임금인상들은 물가에 영향을 끼친다.
  ▶ Lohnerhöhungen *wirken sich auf* die Preise *aus*. (=Sie haben eine

Wirkung auf die Preise.)

bewirken

- 그 나쁜 수확이 가격상승을 유발/야기했다.
  ▶ Die schlechte Ernte hat *einen Preisanstieg bewirkt*. (=Die schlechte Ernte hatte einen Preisanstieg zur Folge.)

einwirken

| auf jn./etw. ~ |

- 습기는 목재에 영향을 끼친다.
  ▶ Die Feuchtigkeit *wirkt auf* das Holz *ein*.

- 당신 아버지에게 영향을 끼쳐, 그가 의사에게 가도록 해보세요!
  ▶ Versuchen Sie doch, *auf* Ihren Vater *einzuwirken*, dass er zum Arzt geht! (=Versuchen Sie, ihn zu beeinflussen.)

erwirken

- 변호사는 그 소송의 연기를 실현시켰다.
  ▶ Der Rechtsanwalt *erwirkte einen Aufschub des Prozesses*.

mitwirken

- 페터 베르거는 이 연극작품에 함께 출연한다.
  ▶ Peter Berger *wirkt* in diesem Theaterstück *mit*. (=Er spielt mit. Er ist daran beteiligt.)

nachwirken

- 그 수면제의 효과는 꽤 오래 지속된다.

▶ Das Schlafmittel *wirkt* noch lange *nach*. (=Man spürt es noch lange.)

verwirken

- 그 고용인은 그의 상관의 신뢰를 상실했다.
  ▶ Der Angestellte hat *das Vertrauen seines Chefs verwirkt*. (=Er hat das Vertrauen durch eigene Schuld verloren.)

wollen

wollen

- 우리는 우리의 권리를 요구한다.
  ▶ Wir *wollen unser Recht*. (=Wir verlangen es.)

- 나는 의학을 공부하려고 한다.
  ▶ Ich *will* Medizin *studieren*. (=Ich habe die Absicht.)

- 그는 내 의도가 아니었다.
  ▶ *Das* habe ich nicht *gewollt*. (=Das war nicht meine Absicht.)

- 그 애는 그 컵을 의도적으로 부딪쳐 넘어뜨릴 생각은 아니었다.
  ▶ Das Kind hat die Tasse nicht *umwerfen wollen*. (=Er tat das nicht mit Absicht.)

- 나는 한 잔의 커피를 마시고 싶다고 말한다. 나는 한 잔의 커피를 마시고 싶었다고 말했다.

▶ Ich sage: "Ich möchte eine Tasse Kaffee." Ich sagte, dass ich eine Tasse Kaffee wollte. (*ich wollte = ich möchte*의 과거형)

- 내 변호사는 거기에는 아무것도 변화시킬 수 없다고 말했다.
  ▶ Mein Anwalt sagte, dass da *nichts* zu *wollen* ist. (=Man kann es nicht ändern. U.

- 나는 그가 틀림없이 그 도둑이라는 사실을 이해할 수 없다.
  ▶ Es *will mir nicht in den Kopf*, dass er der Dieb sein soll. (=Ich kann es nicht begreifen. I.)

- 잉게는 이제 겨우 20살이라고 주장한다.
  ▶ Inge *will* erst zwanzig *sein*. (=Sie behauptet, dass sie noch so jung ist, aber ich glaube es nicht.)

- 그 운전기사는 그 교통표지를 보지 못했다고 주장한다.
  ▶ Der Autofahrer *will* das Verkehrszeichen *nicht gesehen haben*. (=Er sagt das, aber niemand glaubt ihm.)

129
wundern vs. bewundern vs. verwundern

wundern

- 그 계산서가 그렇게 적게 나온 것을 우리는 이해할 수 없었다.
  ▶ *Es wunderte uns, dass die Rechnung so niedrig war.*

sich ~ über etw./jn.

- 그 방문객은 그 공장의 규모에 놀랐다.

▶ Der Besucher *wunderte sich über* die Größe der Fabrik. (=Er war erstaunt. Er hatte nicht geglaubt, dass sie so groß sei.)

bewundern

- 나는 너의 인내심을 감탄한다.
  ▶ Ich *bewundere deine Geduld*. (=Ich finde sie großartig.)

- 나의 사촌누이는 나의 새 옷을 감탄했다.
  ▶ Mein Kusine *bewunderte mein neues Kleid*. (=Sie fand es sehr schön, es gefiel ihr sehr gut.)

verwundern

- 그의 불손함이 나를 놀라게 하지 않는다.
  ▶ *Seine Unhöflichkeit verwundert mich* nicht. (=Sie erstaunt mich nicht.)

130

wünschen vs. beglückwünschen vs. verwünschen

wünschen

- 당신은 무엇을 원하십니까?
  ▶ *Was wünschen* Sie? (=Was möchten Sie?)

- 사장은 직원들이 정시에 올 것을 요구한다.
  ▶ Der Direktor *wünscht, dass die Angestellten pünktlich kommen*.

- 나는 너의 생일을 축하하며, 너의 모든 일이 잘 되기를 바란다.

▶ Ich *wünsche dir* zum Geburtstag *alles Gute*. (=Ich hoffe, dass es dir immer gut geht. Ich gratuliere dir.)

- 그 스포츠애호가는 그의 선수단/팀이 이기기를 마음깊이 원한다.
  ▶ Der Sportfreund *wünscht sich*, dass seine Mannschaft gewinnt. (=Er möchte das.)

> *sich³ etw. (von jm.) (zu etw.) wünschen: den Wunsch haben und auch aussprechen, dass man etwas bekommen könnte '무엇을 받고 싶어 하는 소원을 가지고 있으며, 또한 그것을 표현하다': *sich von den Eltern ein Buch zum Geburtstag wünschen* '생일날 부모님으로부터 책 한 권을 받기를 바라다'; *sich etw. zu Weihnachten wünschen* '성탄절에 무엇을 선물받기를 소망하다' (Langenscheidt, S. 1128)

beglückwünschen

- 우리는 너의 이 성공을 축하합니다.
  ▶ Wir *beglückwünschen Sie zu diesem Erfolg*! (=Wir gratulieren Ihnen.)

verwünschen

- 나는 내가 이 사람을 알게 된 그 날을 저주합니다.
  ▶ Ich *verwünsche den Tag*, an dem ich diesen Menschen kennenlernte.

- 그 대리인은 그에게 품질이 나쁜 그 상품을 팔아먹은 그 소매상인에 대해 화가 났다.
  ▶ Der Vertreter *verwünschte den Händler*, der ihm die schlechte Ware verkauft hatte.

zahlen vs. abzahlen vs. anzahlen vs. auszahlen vs. bezahlen vs. draufzahlen vs. einzahlen vs. heimzahlen vs. nachzahlen

zahlen

- 그는 수표 한 장으로 지불했다.
  - Er *zahlte* mit einem Scheck.

- 급사장, 내 계산서 가져와!
  - Herr Ober, *zahlen*! (=Meine Rechnung bitte!)

abzahlen

- 페터는 그의 부채들을 할부로 분할 지불한다.
  - Peter *zahlt* seine Schuden in Raten *ab*.

anzahlen

- 나는 그 차에 대한 첫 째 할부금으로 2000유로를 지불했다.
  - Ich habe 2000 Euro auf den Wagen *angezahlt*.

auszahlen

- 그 달의 마지막 날에 그 회사는 회사 직원들에게 봉급들을 지불/지급한다.
  - Am letzten Tag des Monats *zahlt* die Firma ihren Angestellten die Gehälter *aus*.

bezahlen

- 내가 그 계산서를 지불하겠소.

▶ Ich *bezahle die Rechnung*.

- 유머와 낙천주의는 돈으로 살 수 없다. (=돈보다 더 가치 있는 특성들이다.)
  ▶ Humor und Optimismus *sind nicht zu bezahlen*. (=Das sind Eigenschaften, die mehr wert sind als Geld.)

  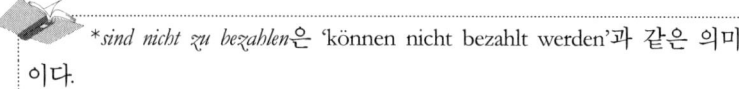
  *sind nicht zu bezahlen*은 'können nicht bezahlt werden'과 같은 의미이다.

- 그 경험 없는 등산가는 그의 경솔 때문에 목숨을 잃었다.
  ▶ Der unerfahrene Bergsteiger hat *seinen Leichtsinn mit dem Leben bezahlt*.

draufzahlen

- 그렇게 장사하면 나는 손해를 볼 것이다.
  ▶ *Bei dem Geschäft* würde ich noch *draufzahlen*! (=Ich würde dabei verlieren. Es wäre ein schlechtes Geschäft.)

einzahlen

- 그 상인은 2000유로를 그의 은행계좌에 입금시켰다.
  ▶ Der Kaufmann *zahlte 2000 Euro auf sein Konto ein*!

heimzahlen

- 이 야비함을 나는 그에게 갚아 줄 것이다.
  ▶ *Diese Gemeinheit* werde ich *ihm heimzahlen*. (=Das werde ich mir nicht gefallen lassen. Das wird er büßen müssen.)

nachzahlen

- 나는 돈을 너무 적게 계좌이체를 했다, 나는 100유로를 나중에 더 지불해야 했다.
  - ▶ Ich hatte *zu wenig Geld überwiesen*, ich musste *100 Euro nachzahlen*. (=Ich zahlte sie später.)

132
zählen vs. abzählen vs. aufzählen vs. nachzählen vs. verzählen

zählen

- 그 애는 그의 손가락들을 세고 있다.
  - ▶ Das Kind *zählt seine Finger*.

- 함부르크는 거의 200만 명의 주민을 갖고 있다.
  - ▶ Hamburg *zählt* fast *zwei Millionen Einwohner*.

`auf jn./etw. ~`

- 내가 너를 확실히 온다고 예상해도 좋은가?
  - ▶ Kann ich *auf dich zählen*? (=Kann ich mit dir rechnen? Kommst du bestimmt?)

- 그는 나의 도움을 믿는다.
  - ▶ Er *zählt auf meine Hilfe*. (=Er verlässt sich darauf.)

`zu etw./jm. ~`

- 그는 현대의 제일 유명한 물리학자들 중의 하나이다.
  - ▶ Er *zählt zu* den bekanntesten Physikern der Gegenwart. (=Er ist

einer der bekanntesten.)

abzählen

- 전차의 차비를 세어서 끄집어내어 따로 준비하세요!
  ▶ *Zählen* Sie das Fahrgeld für die Straßenbahn *ab*!

- 그 장교는 점호를 불러 군인들을 항상 8명의 그룹으로 나누었다.
  ▶ Der Offizier *zählte* die Soldaten immer zu acht *ab*.

- 너는 그가 거짓말했다는 것을 쉽게 알아챌 수 있다.
  ▶ Du kannst dir *an den Fingern abzählen*, dass er gelogen hat. (=Das ist leicht zu erkennen. U.)

aufzählen

- 라인 강의 지류를 모두 들어보세요!
  ▶ *Zählen* Sie die Nebenflüsse des Rheins *auf*!

nachzählen

- 잔돈을 맞게 돌려받았는지, 계산대에서 꼭 다시 한 번 더 세어보아야 합니다.
  ▶ Das Wechselgeld *ist* an der Kasse *nachzuzählen*.

 **ist nachzuzählen*은 'muss nachgezählt werden'을 뜻한다.

verzählen

| sich ~ |

- 너는 잘못 수를 세었어.

▶ Du hast *dich verzählt*. (=Du hast falsch gezählt.)

133
zeichnen vs. abzeichnen vs. auszeichnen vs. bezeichnen vs. einzeichnen vs. unterzeichnen vs. verzeichnen vs. vorzeichnen

zeichnen

- 뒤러가 이 그림을 그렸다.
  ▶ Dürer hat dieses Bild *gezeichnet*.

- 어머니는 그 빨랫감에 성명의 이니셜을 새겨 넣어 누구의 것인지 알게 표시한다.
  ▶ Die Mutter *zeichnet* die Wäsche.

- 그의 어려운 운명이 그의 모습에 드러나 있다.
  ▶ Sein schweres Schicksal hat ihn *gezeichnet*. (=Man sieht die Spuren seines schweren Lebens in seinem Gesicht oder in seinem Charakter.)

abzeichnen

- 그 학생은 이 그림/사진의 나무를 견본으로 삼아 사생했다.
  ▶ Der Schüler hat *den Baum von diesem Bild abgezeichnet*. (=Er nahm das Bild als Muster.)

- 제발 그 편지에 사인하시오!
  ▶ Bitte, *zeichnen* Sie *den Brief ab*! (=Machen Sie ein Zeichen darauf, dass Sie ihn gelesen haben.)

- 그 교회 탑은 하늘과 분명히 대조를 이룬다.
  ▶ Der Kirchturm *zeichnet sich* klar gegen den Himmel *ab*.

- 회담/협상들의 끝은 아직 나타나지 않고 있다.
  ▶ Ein Ende der Verhandlungen *zeichnet sich* noch nicht *ab*. (=Es ist noch kein Ende zu erkennen.)

auszeichnen

- 그 상인은 그 상품들에 가격표를 붙인다.
  ▶ Der Verkäufer *zeichnet* die Waren *aus*. (=Er macht ein Schild mit dem Preis daran.)

- 심사위원회는 그 젊은 화가를 상으로 표창했다.
  ▶ Die Jury hat den jungen Maler mit einem Preis *ausgezeichnet*. (=Er bekam den Preis. Man ehrte ihn damit.)

sich ~

- 내 동생/형은 그 시험에서 두드러지게 두각을 나타냈다.
  ▶ Mein Bruder hat *sich* bei der Prüfung *ausgezeichnet*. (=Er war besser als die anderen.)

bezeichnen

- 그 십자가는 그 산의 정상을 나타낸다.
  ▶ Das Kreuz *bezeichnet den höchsten Punkt des Berges*.

- 그는 나에게 이 장소를 만남의 장소로 지정했다.
  ▶ Er hat mir *diesen Platz als Treffpunkt bezeichnet*. (=Er hat ihn mir als Treffpunkt genannt.)

- 그 선생님은 그 학생을 게으름뱅이라고 부른다.
  - ▶ Der Lehrer *bezeichnet den Schüler als Faulpelz*. (=Er nennt ihn einen Faulpelz.)

einzeichnen

- 나는 그 가구들을 주택계획도에 그려 넣는다.
  - ▶ Ich *zeichne die Möbel in den Wohnungsplan ein*. (=Ich zeichne sie darauf.)

unterzeichnen

- 대통령은 이미 그 계약서에 서명했느냐?
  - ▶ Hat der Präsident *den Vertrag* schon *unterzeichnet*? (=Hat er unterschrieben?)

verzeichnen

- 너는 이 모양을 잘못 그렸다.
  - ▶ Du hast *diese Figur verzeichnet*!

- 이 기차 시간표에는 모든 기차의 출발과 도착시각이 기록되어 있다.
  - ▶ In diesem Kursbuch sind alle Züge *verzeichnet*.

- 대가는 그 견습생이 얼마나 자주 지각을 했는지 정확하게 기록해두었다.
  - ▶ Der Meister hat genau *verzeichnet, wie oft der Lehrling zu spät gekommen ist*.

- 그 통계는 뮌헨의 주민 수의 계속적 증가를 보고하고 있다.
  - ▶ Die Statistik *verzeichnet eine weitere Zunahme der Einwohnerzahl*

Münchens.

vorzeichnen

- 선생님은 그 애에게 손을 어떻게 그려야하는지 그 방법을 가르친다.
  ▶ *Der Lehrer zeichnet dem Kind die Hand vor.*

- 그가 무엇을 해야 할 지가 그에게 정확히 명령되었다.
  ▶ *Was er zu tun hatte*, wurde *ihm* genau *vorgezeichnet.*

134
zeigen vs. anzeigen vs. aufzeigen vs. bezeigen vs. vorzeigen

zeigen

- 우리는 우리 친구들에게 그 도시를 보여준다.
  ▶ Wir *zeigen unseren Freunden die Stadt.*

- 선생님은 학생들에게 그 책을 보여주었다.
  ▶ *Der Lehrer zeigt den Schülern das Buch.*

- 나의 부서장은 이해심을 보여주었다.
  ▶ Mein Chef hat *Verständnis gezeigt.*

- 너에게 내가 무엇을 할 수 있는지 보여주겠다.
  ▶ *Dir* werde ich *es zeigen!*(=Du wirst sehen, was ich kann! U.)

  auf jn./etw. ~

- 그 선생님은 그 책을 가리킨다.

▶ Der Lehrer *zeigt auf das Buch*. (=Er deutet mit dem Finger darauf.)

sich ~

• 뮬러씨는 그의 최고의 장점만 보여 주었다.

▶ Herr Müller *zeigte sich von seiner besten Seite*.

• 누가 옳은지 미래에 드러날 것이다.

▶ *Es* wird *sich zeigen, wer Recht hat*. (=Man wird das in der Zukunft sehen.)

anzeigen

• 그 젊은이들은 그들의 약혼을 공고한다.

▶ Die jungen Leute *zeigen* ihre Verlobung *an*.

• 브라운 씨는 경찰서에 그 도둑질을 신고한다.

▶ Herr Braun *zeigt* den Diebstahl bei der Polizei *an*.

etw. für angezeigt halten

• 나는 그 의사를 데려오는 것을 당연하다고 여겼다.

▶ Ich *hielt es für angezeigt*, den Arzt zu holen. (=Ich hielt es für richtig und notwendig.)

aufzeigen

• 그 교수님은 그의 연구에서 그 도로건설공사를 개선할 가능성들을 보여주었다.

▶ Der Professor hat in seiner Arbeit *Möglichkeiten aufgezeigt*, den *Straßenbau zu verbessern*. (=Er hat Möglichkeiten gezeigt und beschrieben.)

bezeigen

- 그 위원회는 그 계획에 대해 큰 흥미를 보여주었다.
  ▶ Die Kommission *bezeigte großes Interesse für das Projekt.*

vorzeigen

- 당신들의 여권들을 제시해 주세요!
  ▶ *Zeigen* Sie *Ihre Pässe vor*!

- 이 일/연구/작업은 자랑삼아 남에게 보일 수 있다.
  ▶ *Diese Arbeit* kann man *vorzeigen*. (=Man kann sie sehen lassen, denn sie ist gut.)

135

zielen vs. abzielen

auf etw. ~

- 그 산지기는 그 노루를 겨냥/조준한다.
  ▶ Der Förster *zielt auf das Reh.*

- 나는 그것이 나를 염두에 둔 말이라고 믿는다.
  ▶ Ich glaube, das war *auf mich gezielt*. (=Mit dieser Bemerkung war ich gemeint. Das ging gegen mich.)

abzielen

auf etw. ~

- 경찰의 이 조치는 더 나은 교통규제를 목표로 한다.

▶ Diese Maßnahme der Polizei *zielt auf eine bessere Verkehrsregelung ab*. (=Mit dieser Maßnahme will die Polizei eine bessere Regelung erreichen.)

136

zögern vs. hinauszögern vs. verzögern

zögern

- 그는 오는 것을 주저했다.
  ▶ Er *zögerte zu kommen*.

> mit etw. ~

- 그 대학생은 대답을 주저했다.
  ▶ Der Student hat *mit der Antwort gezögert*.

hinauszögern

- 한스는 치과의사에게 가는 것을 늦추려고 노력했다.
  ▶ Hans versuchte, *den Gang zum Zahnarzt hinauszuzögern*.

verzögern

- 그 동맹파업이 상품인도를 늦추었다.
  ▶ Der Streik *verzögerte die Lieferung*.

- 안개로 인해 비행기출발이 지체되었다.
  ▶ Durch den Nebel *verzögerte sich der Abflug*. (=Das Flugzeug flog mit Verspätung ab.)

137
zumuten

zumuten

- 나는 그렇게 오래 네가 나를 기다리는 것을 너에게 요구할 수는 없다.
  ▶ Ich kann *dir* nicht *zumuten, so lange auf mich zu warten.* (=Das kann ich nicht von dir verlangen.)

138
zweifeln vs. anzweifeln vs. bezweifeln vs. verzweifeln

zweifeln

 an etw./jm. ~

- 나는 내가 옳게 행동했는지 의심스럽다.
  ▶ Ich *zweifle daran, ob ich richtig gehandelt habe.*

   *daran*은 상관사로서 'ob... 이하'를 주문장에서 미리 받아준다.

- 그는 그녀가 성실하다고 믿지 않는다.
  ▶ Er *zweifelt an ihrer Treue.* (=Er glaubt nicht, dass sie treu ist.)

anzweifeln

- 나는 그 서명의 진실성을 의심한다.
  ▶ Ich *zweifle die Echtheit der Unterschrift an.*

bezweifeln

- 나는 그가 오리라고 믿지 않는다.
  ▶ Ich *bezweifle, dass er kommt.*

verzweifeln

- 용기를 잃지 마세요!
  ▶ *Verzweifeln* Sie nicht!

`an jm./etw. ~`

- 난파당한 사람들은 구조의 희망을 잃었다.
  ▶ Die Schiffbrüchigen *verzweifelten an der Rettung.* (=Sie glaubten, dass keine Rettung mehr kommen würde. Sie verloren die Hoffnung.)